신통방통 지혜가 담긴 우리의
세시풍속과 전통놀이

신통방통 지혜가 담긴 우리의 세시 풍속과 전통놀이

1판 4쇄 발행 2025년 1월 16일

글쓴이	최정원
그린이	정민경
편집	이용혁 박재언 이순아
디자인	문지현 오나경
펴낸이	이경민
펴낸곳	㈜동아엠앤비
출판등록	2014년 3월 28일(제25100-2014-000025호)
주소	(03972) 서울특별시 마포구 월드컵북로22길 21, 2층
전화	(편집) 02-392-6901 (마케팅) 02-392-6900
팩스	02-392-6902
전자우편	damnb0401@naver.com
SNS	

ISBN 979-11-6363-334-1 (74400)

※ 책 가격은 뒤표지에 있습니다.
※ 잘못된 책은 구입한 곳에서 바꿔 드립니다.
※ 이 책에 실린 사진은 위키피디아, 셔터스톡에서 제공받았습니다.

도서출판 뭉치는 ㈜동아엠앤비의 어린이 출판 브랜드로, 아이들의 지식을 단단하게 만들어 주고, 아이들의 창의력과 사고력을 키워 주어 우리 자녀들이 융합형 창의 사고뭉치로 성장할 수 있도록 좋은 책을 만들겠습니다.

펴내는 글

옛날 사람들은 뭘 하고 놀았을까?
명절 때마다 하는 놀이가 달랐던 이유는 무엇일까?

선생님의 질문에 교실은 한순간 조용해집니다. 인내심이 한계에 다다른 선생님께서 콕 집어 누군가의 이름을 부르는 순간 나는 걸리지 않았다는 안도감에 금세 평온을 되찾지요. 많은 사람 앞에서 어떻게 말을 해야 하나 고민해 보지 않은 사람은 없을 겁니다. 사람들 앞에서 자신의 생각을 조리 있게 전달하는 기술은 국어 수업 시간에만 필요한 것이 아닙니다. 학교 교실뿐만 아니라 상급 학교 면접 자리 또는 성인이 된 후 회의에서도 자신의 의견을 분명히 표현할 수 있어야 합니다. 하지만 어디서부터 시작해야 할지 몰라 입을 떼는 일이 쉽지 않습니다. 혀끝에서 맴돌다 삼켜 버리는 일도 종종 있습니다. 얼떨결에 한마디 말을 하게 되더라도 뭔가 부족한 설명에 왠지 아쉬움이 들 때도 많습니다.

논리적 사고 과정과 순발력까지 필요로 하는 토론장에서 자신만의 목소리를 내려면 풍부한 배경지식은 기본입니다. 게다가 고학년으로 올라가서 배우는 수업과 진학 시험에서의 논술은 교과서 이상의 것을 요구합니다. 또한 상대의 의견을 받아들이거나 비판하기 위해서는 의견의 타당성을 검토하고 높은 수준의 가치 판단을 해야 하는 경우가 많은데, 자신의 입장을 분명히 하기 위해서는 풍부한 자료와 논거가 필요합니다.

토론왕 시리즈는 사회에서 일어나는 다양한 사건과 시사 상식 그리고 해마다 반복되는 화젯거리 등을 초등학교 수준에서 학습하고 자신의 말로 표현할 수 있도록 기획

되었습니다. 체계적이고 널리 인정받은 여러 콘텐츠를 수집해 정리하였고, 전문 작가들이 학생들의 발달 상황에 맞게 스토리를 구성하였습니다. 개별적으로 만들어진 교과서에서는 접할 수 없는 구성으로 주제와 내용을 엮어 어린이 독자들이 과학적 사고뿐만 아니라 문제 해결력, 창의적 발상을 두루 경험할 수 있도록 하였습니다. 또한 폭넓은 정보를 서로 연결지어 설명함으로써 교과별로 조각나 있는 지식을 엮어 배경 지식을 보다 탄탄하게 만들어 줍니다. 이러한 통합 교과형 구성은 국어를 기본으로 과학에서부터 역사, 지리, 사회, 예술에 이르기까지 상식과 사회에 대한 감각을 익히고 세상을 올바르게 바라보는 눈을 갖는 데 큰 도움이 될 것입니다.

『신통방통 지혜가 담긴 우리의 세시 풍속과 전통 놀이』는 할아버지, 할머니, 엄마, 아빠 세대에 즐겼던 놀이 문화를 알려 주는 책입니다. 옛 놀이와 세시 풍속을 배움으로써 세대 간 이해의 폭을 넓히고, 어린이 여러분은 옛것에 대한 관심을 가질 수 있지요. 또한 옛날과 오늘날의 생활 모습 중 의식주에서 어떤 차이가 있는지 알아보고, 우리 조상들만의 멋과 예술, 과학 기술을 살펴보면서 옛것의 소중함을 저절로 깨달을 수 있습니다. 이 책을 통해 여러분이 우리 전통문화에 대해 좀 더 가깝게 다가간다면 현재와 미래에까지 이어질 소중한 문화유산이 무엇인지 스스로 알게 되는 시간이 될 것입니다.

편집부

 차례

펴내는 글 · 4
한국의 문화가 뭘까? · 8

 **1장** 새해맞이 세시 풍속 · 11

레띠시아, 한국에 오다

섣달그믐 / 신나는 설날 / 소원을 날리다

쥐불놀이와 풍등 날리기

토론왕 되기! 전통 놀이, 위험하면 금지해야 할까?

 **2장** 단옷날에는 뭐 하고 놀까? · 47

오월이라 단옷날

단오놀이를 체험해 보자!

토론왕 되기! 강릉 단오제가 중국 전통문화라고?

뭉치 토론 만화
사라져 가는 전통문화, 어떻게 보존할까? · 67

3장 여름을 이겨 내는 우리 풍속 · 75

가을이 여름에게 세 번 엎드려 절한 날

삼복에는 뭘 하고 놀지?

`토론왕 되기!` 사라져 가는 전통 놀이, 어떻게 이어 갈 수 있을까?

4장 가을이 제일 좋아 · 89

야, 추석이다!

강강술래 하러 가자!

김장하는 날

`토론왕 되기!` 김치, 사 먹는 게 나을까? 담가 먹어야 할까?

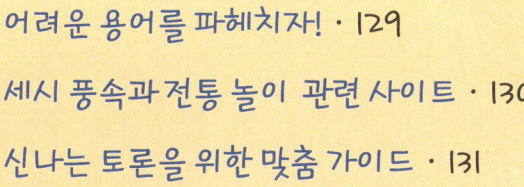

5장 다시 집으로 · 113

이별 선물

프랑스를 향해서

한국, 안녕!

`토론왕 되기!` 전통 놀이를 교과목에 넣을 순 없을까?
한복이 중국 복식이라고?

어려운 용어를 파헤치자! · 129

세시 풍속과 전통 놀이 관련 사이트 · 130

신나는 토론을 위한 맞춤 가이드 · 131

 ## 레띠시아, 한국에 오다

곧 목적지인 인천 공항에 도착한다는 안내 방송이 흘러나왔어요. 비행기가 가파른 각도로 내려갔어요. 레띠시아는 창 아래를 내려다보았어요. 인천 공항이 한눈에 들어왔어요. 더듬이를 뾰족 내민 것 같은 공항 터미널 청사가 보였어요. 아빠는 일 때문에, 엄마는 아직 태어나지 않은 동생 때문에 레띠시아 혼자 오게 되었어요.

'혹시 이모가 나를 못 알아보면 어떻게 하지?'

하지만 입국장으로 들어서는 순간 익숙한 목소리가 들려왔어요.

"레띠시아! 여기야, 여기!"

사실, 이모를 못 알아볼 리는 없었어요. 이모는 레띠시아 엄마의 쌍둥이 자매였거든요.

"레띠시아! 정말 잘 왔어!"

이모에게서 포근한 엄마 품 냄새가 났어요. 이종사촌 환희도 레띠시아의 손을 꼭 잡았어요.

"밥은 먹었어?"

만날 때마다 밥 먹었느냐고 묻는 것도 엄마랑 똑같아요.

오랫동안 비행기를 탄 탓에 속이 울렁거렸지만 가족과 즐겁게 이야기를 나누며 걷는 동안 점점 배가 고파 왔어요.

식당에 자리를 잡자 직원들이 와서 식탁에 음식을 차려 놓았어요.

"배고팠지? 어서 먹어."

이모는 환희와 레띠시아의 앞에 물잔을 놓아 주고 물김치를 한 숟가락 떠서 먹었어요. 레띠시아가 많은 음식을 어떻게 먹어야 할지 몰라 망설이고 있을 때였어요. 환희가 주황색 채소를 자기 앞접시에 덜더니 레띠시아에게 내밀었어요.

레띠시아는 환희가 건넨 음식을 조심스럽게 맛보았어요. 달콤한 맛이 나면서도 즙이 많아 목이 메지 않았고, 반찬으로 만들어서인지 짭짤하기도 했어요.

"단호박조림이야. 입에 맞니?"

레띠시아가 고개를 끄덕이며 순식간에 접시를 비웠어요. 그리고 다시 담으려고 하자 환희가 살짝 손으로 막았어요.

"지금 너무 많이 먹으면 진짜 요리를 남길 수도 있어."

"이렇게 많은데 다른 요리가 더 나온다고?"

이모가 웃었어요.

"그래. 밥 다 먹고 나서 더 먹고 싶으면 그때 먹어."

"저는 한국 음식은 처음부터 한꺼번에 주는 줄 알았어요."

"밑반찬은 한국식으로 한꺼번에 다 차려 놓는데, 주문한 음식은 서양 음식처럼 차례로 내온단다. 한국과 서양의 음식 문화를 접목한 거지."

"아……."

잠시 후 직원이 와서 맛있어 보이는 갈비구이를 조금씩 잘라서 각자 앞접시에 놓아 주었어요. 그 정도로는 배가 안 찰 것 같아 조금 실망했지만 접시를 하나 비우면 또 다른 음식을 가져다주어서 나중에는 너무 배가 불러 숨쉬기도 어려울 지경이었어요. 결국 처음에 맛있게 먹었던 단호박조림은 더 달라고 하지 못했어요.

"자, 이제 집으로 가자."

그때 한국의 전통 문양으로 치장한 3층 여객 터미널에서 한국 음악 소리가 들려왔어요. 이모가 시계를 보더니 말했어요.

"'왕가의 산책' 공연 시간이구나."

왕과 왕비 복장을 한 사람들 뒤로 궁녀와 문무 신하들이 뒤따르고 있었어요. 문무 신하들 중에서도 칼을 찬 사람들이 가장 눈에 띄었어요. 임금이 산책할 때는 위험한 상황을 막기 위해서 무관 중에서도 가장 급이 높은 사람들이 임금을 호위하는데, 이 사람들을 '운검'이라고 부른다고 이모가 설명했어요.

행차가 끝나자 사람들이 행렬 쪽으로 몰려들어 서로 왕과 왕비 역을 맡은 사람들에게 함께 사진을 찍자고 했어요. 레띠시아와 이모 그리고 환희도 줄을 서서 기다리다가 운검 복장을 한 아저씨와 사진을 찍었답니다. 레띠시아는 사진을 찍자마자 엄마에게 보냈어요. 그러자 엄마도

바로 응원 문자를 보냈지요.

"벌써 즐거운 시간 보내고 있네. 어디서든 씩씩하게 잘할 거라 믿어. 우리 딸 레띠시아! 한 해 동안 한국 문화의 모든 것을 체험해 봐!"

시작부터 기대되는 한국 생활을 위해 인천 대교를 건너가면서 레띠시아는 엄마가 늘 말하던 '한강의 기적'이라는 말이 새삼 가슴에 와닿았어요. 바다 위 영종도에서 시작된 고속도로가 육지까지 까마득히 펼쳐져 있었으니까요.

 레띠시아의 **우리 문화 관찰 노트**

전통문화를 체험할 수 있는 곳은 어디?

서울 종로문화재단에서 운영하는 문화 공간 중에 '무계원'과 '상촌재'라는 곳이 있는데요. 도심 속에서 전통문화를 체험할 수 있는 곳이에요. 우리 전통문화의 우수성을 알리는 전시와 한복, 한글 전통 공예를 체험해 볼 수 있지요. 특히 동지, 입춘,

자료: 종로문화재단

단오 등 세시 풍속에 맞춘 절기 행사와 어린이를 대상으로 하는 '한복 바르게 입기 교육' 같은 것도 열린다고 해요. 이 외에 전국의 사찰, 한옥, 전통문화 체험 공간에서는 절기에 맞게 다양한 프로그램이 운영되고 있어요.

섣달그믐

날씨가 정말 추웠어요. 오늘이 음력으로 올해 마지막 날이라서 그런가 봐요.

"오늘은 까치설날이고 내일은 우리 설날이야. 옛 어른들은 섣달그믐이 가장 춥다고들 하셨지."

"까치설날?"

레띠시아는 처음 듣는 단어에 눈이 휘둥그레졌어요.

"12월 31일을 까치설날, 또는 섣달그믐이라고 해."

이모가 한 해의 마지막날을 부르는 다양한 이름을 알려 주었어요.

"환희야, 레띠시아 데리고 상가에 있는 한복집 좀 다녀올래? 엄마가 미리 전화해 놨어."

"네!"

환희와 레띠시아는 콧노래를 부르며 집을 나섰어요.

상가 건물 2층에 '신라주단'이라는 한복집 간판이 보였어요. 그런데 환희는 먼저 문구점으로 들어서더니, 알록달록한 술이 달린 장난감과 도토리처럼 생겼고 가운데에는 쇠 심지가 박힌 나무 장난감을 사지 뭐예요. 각각 제기와 팽이라는 이름이었어요.

"환희야, 그거 왜 사?"

환희는 답 대신 토라진 얼굴로 말했어요.

"레띠시아, 너 생일이 언제니?"

"생일? 6월 15일."

"난 4월 4일이거든? 그러면 누가 언니야?"

"언니? 아! 맞다. 우리 엄마가 환희 엄마 언니지?"

"그렇지! 그리고 나는 네 이종사촌 언니고."

레띠시아의 볼이 빨갛게 물들었어요.

"하지만 우리는 같은 해에 태어났잖아!"

"1초 먼저 태어났어도 한국에서는 언니야. 이제 언니라고 불러."

나이도 같은데 언니라고 부르라니까 레띠시아는 좀 기분이 나빴어요. 하지만 로마에 가면 로마법을 따르라는 말도 있잖아요?

"알았어. 환희…… 아니, 언니."

환희가 금세 표정이 밝아지더니 2층으로 향하는 계단을 올라가면서 재잘재잘 떠들었어요.

"내일은 설날이잖아. 집안 어른들께 세배를 한 후 차례를 지내고 나면 온 가족이 모여 앉아 이야기를 나누는데, 대개 먼저 어른들께서 이야기를 하시지. 그러면 우리는 그 답으로 새해 복 많이 받으시라거나 건강하시라고 말씀드리는 거야. 그 후에는 친척들과 윷놀이도 하고 제기차기도 하고 또 팽이치기도 해. 연을 날리기도 하지. 연 알아?"

신라주단

"알아. 세르 볼랑(cerf-volant)? 그러니까…… 카이트(kite)?"

"맞아, 영어로는 카이트지. 나중에 내가 아까 산 제기랑 팽이로 놀이하는 방법을 알려 줄게."

레띠시아는 설날이 무척 기다려졌어요.

한복집에 도착하자 알록달록한 비단으로 싸인 상자를 주인아주머니가 내밀며 말했어요.

"네가 프랑스에서 왔다는 환희 이종사촌이지? 설빔 예쁘게 입고 다녀라!"

레띠시아의 눈이 휘둥그레졌어요.

"설빔? 그게 뭐야? 레이저 빔 같은 거야?"

"설날이면 예쁘고 깨끗한 옷으로 갈아입는데, 설날 입는 이런 특별한 옷을 설빔이라고 해."

"설날 입는 예쁜 옷은 어떤 걸까? 엄마가 특별한 날 입혀 주던 드레스보다 더 예쁠까?"

레띠시아는 빨리 내일이 오기만을 기다렸습니다.

 레띠시아의 우리 문화 관찰 노트

옛날 사람들의 놀이

제기차기
제기는 원래 까마득한 옛날에 하던 '축국'이라고 불리는 놀이였대요. 놀이이기도 하면서 동시에 무술의 기본 동작이기도 해서 군사 훈련 목적으로도 제기차기를 했어요. 예전에는 문 사이나 땅에 판 구멍에 제기를 발로 차 넣는 식으로 즐겼대요. 그러다 조선 후기에 이르러서 엽전을 천으로 싸고 장식을 붙여서 지금 같은 모양으로 만들어 놀았다고 해요.

팽이치기
팽이는 도토리처럼 갸름하게 원형으로 깎은 나무에 커다란 못처럼 생긴 심지를 박은 놀이 기구예요. 바닥의 뾰족한 못을 기둥으로 삼아 끈으로 감은 후 줄을 풀면서 던지지요. 그 힘으로 심지를 중심으로 팽이가 돌게 되는데, 가장 오랫동안 돌리는 사람이 이기는 놀이예요. 팽이가 더 빨리 돌고 기울어지지 않게 하려면 팽이채로 도는 방향을 계속 후려쳐야 한답니다.

1장 새해맞이 세시 풍속

드디어 밤이 되었어요. 이모는 돼지고기와 마늘, 파, 김치 등을 다진 후 으깬 두부와 삶은 당면을 조금 넣고 소금으로 간을 해서 만두소를 만들었어요. 이모가 만두소와 만두피를 가져오자 다 함께 만두를 빚기 시작했어요. 레띠시아는 이모부와 환희를 따라 밀가루 반죽을 밀어 동그랗게 만든 만두피를 왼손 바닥에 펴고, 그 위에 만두소를 얹은 다음 끝을 오므려 만두를 빚어 보았어요.

"레띠시아도 만두를 아주 잘 빚네. 그러면 나는 식구들이 한 살씩 더 먹을 수 있게 떡국떡을 썰어야겠네."

이모는 똑똑 소리를 내면서 하얗고 긴 가래떡을 썰기 시작했어요.

"레띠시아, 설날에 왜 떡국을 먹는지 알아?"

"네. 한 살 더 먹으라고요."

"그래, 맞아. 의학이 발달하지 못한 옛날에는 병이나 사고로 목숨을 잃기가 쉬웠어. 그래서 60세까지 살면 환갑잔치를 크게 열었던 것이고. 그리고 가래떡은……."

이모는 썰지 않은 길고 하얀 가래떡을 들어 보였어요.

"병 없이 오래 살라고 연초에 길게 뽑아서 모두 함께 먹었단다."

레띠시아는 깜짝 놀랐어요. 한국에서는 음식이 다 고유한 의미를 가지고 있다는 사실 때문이에요.

이야기를 하는 중에도 이모의 손은 똑같은 박자, 똑같은 모양으로 떡을 썰고 있었어요. 한국 어머니들은 다 저렇게 칼질을 잘하는 걸까요?

 드디어 만두도 다 빚었고 갸름갸름하게 썬 떡도 수북이 쌓였어요. 환희는 잠잘 준비 대신 커다란 도화지에 윷판을 그렸어요.

 "환희 언니, 뭐 해? 안 자?"

 "오늘 밤에 자면 눈썹이 하얗게 센대. 그래서 이렇게 윷놀이하면서 밤새우려고."

 "피이! 난 한 번도 밤새운 적 없지만 눈썹이 멀쩡했어!"

"난 작년에 졸려서 잤는데 깨어 보니 눈썹이 하얗게 세어 있던걸?"

레띠시아는 거짓말이라고 생각했지만 좀 겁이 나기도 했어요. 그래서 환희에게 윷을 배우며 졸음을 쫓았어요.

"레띠시아가 많이 졸린 모양이다. 우리 팽이치기 할까?"

팽이치기라는 말에 레띠시아의 눈이 다시 반짝 떠집니다. 이모부는 팽이 심에 줄 끝을 단단히 감은 다음 꼭꼭 눌러 가며 팽이의 표면에 촘촘히 줄을 감았어요. 줄을 다 감고 나자 남은 끈을 엄지와 검지 사이에 넣고 휙 던지면서 팽이줄을 잡아당겼어요. 팽이가 방바닥에 떨어져 팽팽 돌기 시작했어요.

"어머, 이이가? 방바닥에 흠집 생겨요. 그건 내일 아버님, 어머님 댁에 가거든 마당에서 해요."

이모 때문에 할 수 없이 이모부와 환희, 레띠시아는 제기차기 놀이를 시작했어요. 환희는 제기차기를 많이 해 보았는지 한 번도 떨어뜨리지 않고 계속 찼어요. 하나, 둘, 셋, 넷…… 아흔아홉, 백…….

환희는 끝도 없이 제기를 차는데 레띠시아는 한 번도 차지 못했어요. 너무 일찍 발을 들거나 너무 늦게 들었기 때문에 제기는 번번이 바닥에 떨어지고 말았지요. 잠시 후 이모가 김이 무럭무럭 나는 만두를 접시에 담아 내왔어요.

"내일 세배 다니려면 피곤할 테니 조금만 더 놀다가 자렴."

레띠시아는 만두를 먹은 후 다시 윷가락을 집어 들었어요. 버틸 때까지 버텨 볼 작정이었지요. 하지만 눈꺼풀이 계속 감겼어요. 레띠시아는

 레띠시아의 **우리 문화 관찰 노트**

섣달그믐 밤에 자면 눈썹이 하얗게 센다고?

조상들은 섣달그믐 날 밤에 잠을 자면 눈썹이 하얗게 된다고 믿으며 잠을 자지 않았어요. 졸음을 못 이기고 잠에 빠진 아이들에게는 눈썹에 하얀 밀가루 등을 발라 놀려 주기도 했어요. '수세'라고 불리는 이 풍습은 설맞이 준비로 할 일이 많으니 이날 밤만큼은 잠을 자지 말고 부지런히 일해야 한다는 데서 유래되었어요.

얼른 일어나서 방문 앞에다 어제 인사동에서 사 온 복조리를 걸었어요. 새해 첫날 받을 복을 포기할 수는 없었거든요.

신나는 설날

설날 아침, 설빔을 입고 배씨 댕기에 노리개까지 찬 환희와 레띠시아는 마치 공주가 된 듯 으쓱해졌어요. 예쁘게 차려입은 이모네 가족은 환희네 친가를 향해 아침 일찍 떠났어요.

환희네 할머니 댁은 북한산 자락에 있어요. 환희네 차가 들어서자 가족들이 모두 마당으로 나와 반겼어요. 환희가 제일 먼저 달려 나가 할머니 품에 안겼어요. 할머니는 환희의 등을 다독이면서 말했어요.

"어서들 오너라."

할머니, 할아버지는 수줍게 서 있는 레띠시아에게도 환하게 미소를 지어 주었어요.

"이 어여쁜 공주님은 누구신가?"

그때 사촌들이 우당탕 퉁탕 소리를 내면서 계단을 뛰어내려 왔어요. 사촌 오빠가 맨 뒤에서 내려와 말을 건넸어요.

"레띠시아지? 환희 이종사촌?"

레띠시아는 볼을 붉히면서 고개를 끄덕였어요.

"잘 왔다. 얼른 들어가자."

집 안에 들어서자 그윽한 향냄새가 풍겼어요. 하얀 종이가 깔린 커다란 교자상에는 사과, 대추 등의 과일을 비롯해 갈비찜, 전, 잡채, 산적 등 알록달록한 음식들이 가득 놓여 있어 마치 꽃밭처럼 보였답니다.

환희네 큰아버지가 제일 먼저 상 앞에 서서 피어오르는 향 연기 위에 잔을 오른쪽으로 세 번 돌린 후, 사진 속 할아버지에게 올렸어요. 그다

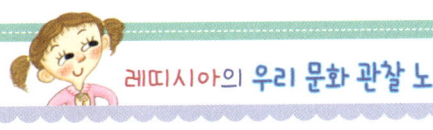

차례상 차리는 데 법칙이 있을까?

매년 명절이나 제사 때가 되면 엄마, 아빠나 집안 어르신들이 상차림에 법칙이 있다고 하지 않나요? 고기는 어느 쪽에 두는지, 몇 개를 올려야 하는지 서로 논의하는 모습을 보았을 수도 있어요. 그런데 전문가들 의견에 따르면 기본적으로 차례상은 간소하게 차리는 거라고 해요. 제사 때에는 밥이나 국을 올리지만, 설날 차례상에는 떡국만 간단히 올려도 된다고요. 조선 시대 예법에도 특별한 법칙이 없고, 나중에 제사 지낼 때 자꾸 헷갈리니까 법칙을 정한 것이지요. 홍동백서(붉은 과실은 동쪽에, 흰 과실은 서쪽에 놓는 것)나 조율이시(왼쪽부터 대추·밤·배·감의 차례로 놓는 것) 같은 순서는 최근에 생긴 것이지 오랜 전통 규격은 아니에요.

조상님들에게 예를 차리는 음식이지만, 중요한 건 오랜만에 온 가족이 함께 만나는 시간을 갖는 거예요. 술과 제철 과일, 나물, 떡국을 기본으로 하되 형편에 따라 차례상을 차리면 된답니다.

음에는 환희의 아버지가 잔을 올렸고, 고모는 맨 나중에 할머니, 이모와 함께 절을 올렸어요.

　차례가 끝나고 새로 꽂은 향이 사그라질 때쯤 온 가족이 커다란 교자상에 둘러앉아 떡국으로 아침을 먹었답니다.

　아침을 먹은 후 할아버지와 할머니가 자리를 잡고 앉았어요. 레띠시아와 환희도 어른들 뒤쪽으로 앉았지요. 환희의 사촌 오빠가 할머니 할아버지에게 큰절을 하자 할아버지가 덕담을 건넸어요.

　"그래, 환준아. 올해 고등학교에 입학하지? 축하한다."

　"감사합니다. 새해에는 더욱 더 건강하시기를 빌겠습니다."

할머니가 내미는 예쁜 봉투를 받으면서 환준이 오빠가 말했어요. 봉투 안에는 새해를 맞는 후손들을 위해 집안 어른이 돈을 넣어 준다고 해요. 그것을 세뱃돈이라고 부르지요.

다음은 환희와 레띠시아 차례였어요. 환희와 레띠시아가 큰절을 한 후 자리에 앉자 할아버지가 말했어요.

"우리 레띠시아는 예쁘고 복스러운 동생이 태어나서 온 가족이 더 화목해지겠구나."

"할아버지, 아직 동생 안 태어났어요."

레띠시아의 대답에 집안 식구들이 모두 하하 호호 웃었어요. 환희가 귓속말로 속삭였어요.

"이건 덕담이라고 하는 거야. 세배하는 사람이 가장 원하는 일이 벌써 이루어진 것처럼 말하는 거래."

레띠시아는 소원이 이루어졌다고 상상하는 것만으로도 왠지 주변이 환해지는 느낌이 들어서 좋았어요.

세배가 끝나자 어른들은 윷놀이를 시작했어요. 환준 오빠는 연 만드는 재료를 가져왔고요. 오빠는 창호지에 가운데 댓살을 척척 붙여 가며 연 만들기 시범을 보였어요.

환희와 레띠시아 그리고 쌍둥이들이 연을 만들고 있을 때였어요. 환희네 할머니가 마당에서 아이들을 불렀어요.

"애들아, 춥다고 방 안에만 있지 말고 나랑 할아버지랑 함께 널뛰기 시합하자."

어릴 때 시소 타는 걸 좋아했지만 초등학교에 들어오자 별로 재미가 없어진 레띠시아는 가마니를 둘둘 말아 널빤지 사이에 넣는 걸 보고 픽 웃었어요. 예쁜 동물 얼굴을 아로새기고 손잡이가 있는 안전한 금속 시소도 재미없는데, 가마니를 둘둘 말아 그 위에 널빤지를 하나 얹은 놀이 기구가 뭐가 그리 재미있겠어요? 하지만 환희는 신을 내며 "레띠시아, 빨리빨리!" 하면서 재촉했어요.

널뛰기가 시작되었어요. 레띠시아는 처음 해 보는 놀이라 서툴러서 환준 오빠와 할머니가 양쪽에서 손을 잡아 주었어요. 널뛰기는 시소와 달리, 서서 하는 놀이라 위험해 보였어요. 하지만 환희는 팔짝팔짝 잘도 뛰었어요. 어느 정도 하다 보니 레띠시아도 조금씩 자신이 생겼어요.

"할머니, 오빠, 저도 혼자 해 볼게요."

시소는 다리를 집중적으로 사용하는 데 반해 널뛰기는 널에서 떨어지지 않으려면 모든 근육을 써야 했어요. 게다가 상대를 이기려면 두뇌도 회전시켜야 하지요.

'주위에서 쉽게 얻을 수 있는 물건으로 이렇게 유용한 놀이 기구를 만들 수 있다니!'

환희와 레띠시아가 널뛰기를 하는 동안 환희 고모네 쌍둥이 아이들은 제기차기를 했어요. 널뛰기를 하는 데 제법 익숙해진 레띠시아는 쌍둥이 남동생들이 오색 술이 팔락거리는 물건을 차올리는 모습을 보았어요. 그러고 보니 지난밤, 환희랑 해 봤던 제기차기였어요.

'아하! 저렇게 가지고 노는 거구나!'

한눈을 파는 순간 레띠시아는 갑자기 균형을 잃고 비틀거렸고, 환희가 그 순간을 놓치지 않고 발을 쾅 구르는 통에 레띠시아는 뒤로 넘어지고 말았어요. 양쪽에서 환준 오빠와 할머니가 잡고 있지 않았다면 크게 다쳤을지도 몰라요. 레띠시아는 엉덩이를 털면서 일어나기가 바쁘게 쌍둥이에게 다가갔어요.

"나도 가르쳐 줘."

쌍둥이는 배시시 웃으면서 제기를 레띠시아의 손에 쥐어 주었어요.

레띠시아는 쌍둥이들이 하는 모습을 기억하면서 제기를 던졌어요. 어제 환희와 이모부랑 차 본 경험이 있으니 쌍둥이들보다 잘 찰 수 있을 것 같았어요. 그런데 자세를 잡기도 전에 제기가 땅에 떨어지지 뭐예요. 답답했는지 환희가 외쳤어요.

"레띠시아, 제기를 발로 차려고 하지 말고 복사뼈랑 발바닥 사이를 그냥 살짝 가져다 대 봐."

레띠시아는 잠시 숨을 고르고는 다시 제기를 위로 던졌어요. 그리고 환희가 알려 준 대로 떨어지는 속도에 맞춰 발 안쪽을 제기에 살짝 가져다 댔어요. 그러자 신기하게도 제기가 '통!' 하면서 튀어 올랐어요.

　얼른 자세를 고쳐 잡은 레띠시아는 다음으로 제기가 떨어지는 곳을 예측해서 다시 발을 가져다 댔지요. 요령을 알고 나니 제기차기는 하면 할수록 재미있었어요.

🏮 소원을 날리다

　대보름날이 되었어요. 환희네 할머니가 대보름에는 갖은 나물에 오곡밥 그리고 약식과 식혜를 먹어야 한다고 환희네를 초대했어요. 어른들은 귀밝이술이

라는 것도 한 잔씩 마시는데, 그러면 일 년 내내 귀가 밝아지고 좋은 소식을 듣게 된다고 해요.

할머니 댁에 모인 식구들은 점심을 든든히 먹고는 연을 하나씩 들고 마당으로 나왔어요. 환준이 오빠는 연줄을 두툼하게 감은 전나무 얼레를 들고 나와 마당에서 다리가 있는 곳까지 가볍게 뛰면서 연을 날렸어요.

환희가 레띠시아의 귀에 속삭였어요.

"오빠랑 너무 가까운 데서 연 날리지 않도록 조심해."

"왜?"

"오빠 연줄이 좀 굵어 보이지? 오빠 연은 분명 사를 먹였을 거야."

"사? 그게 뭔데?"

레띠시아의 우리 문화 관찰 노트

연은 어떻게 날게 되는 걸까?

우리나라의 연은 직사각형에 구멍이 뚫린 방패연과 정사각형에 긴 꼬리가 있는 가오리연이 유명해요. 기록에 따르면 신라 시대 김유신은 불을 붙인 허수아비를 연에 달아 하늘로 띄워 반란군을 막았다는 이야기가 있어요. 또 조선 시대에는 액막이연을 날려 연이 집에 떨어지면 그해에 재앙이 있다고 믿기도 했대요.

연은 주로 대나무와 종이로 만드는데, 어떻게 하늘 높이 날 수 있는 걸까요? 연이 비스듬하게 하늘을 날면 바람이 연에 부딪혀 연의 아래로 방향을 바꾸어 흐르고 공기가 연을 밀게 돼요. 이것을 양력이라고 하는데요. 이때 작용-반작용의 법칙에 의해 연이 공기를 밀면 공기도 연을 밀게 되어 연이 하늘에 뜰 수 있는 거예요. 특히 '방구멍'이라고 불리는 방패연의 구멍은 우리나라 연에만 있는 독특한 구조예요. 방구멍은 바람의 저항을 줄이고, 연 뒷면의 공기를 즉시 메워 주어 연이 빠르게 날 수 있게 해 주지요. 이제 과학적인 원리를 알았으니 연날리기를 좀 더 잘할 수 있겠죠?

자료: 국립광주과학원

"유리 가루를 넣고 끓인 풀에 담가 말린 연줄이야. 그렇게 하면 유리 가루 때문에 날카로워져서 다른 연줄을 잘라 버릴 수 있거든. 다른 말로 '가미 올린다.'라고 하는데 오빠는 연싸움의 달인이라서 남의 연줄 끊는 걸 너무 좋아해. 그러니까 너도 오빠에게 당하지 않도록 주의하라고."

벌써 오빠의 연은 높이 올라갔어요. 환희와 레띠시아의 가오리연은 오빠의 방패연처럼 힘차게 날아오르지 못하고 꼬리만 살랑거리는 것처럼 보였어요. 할머니, 할아버지도 하늘에 연을 띄웠어요. 할아버지 연에는 매가 그려져 있었고 할머니 연에는 잉어가 그려져 있었어요.

그때 할머니가 크게 외쳤어요.

"우리 집안 액운을 몽땅 가지고 멀리, 머얼리 날아가라!"

매와 잉어가 그려진 액막이연이 집안의 나쁜 기운을 안고 높이 날아올랐어요. 어둑어둑하고 뾰족뾰족한 검은빛 산등성이 위로 하얗게 빛나는 정월 보름달이 떠오르기 시작했어요.

'연아, 엄마를 아프게 하는 나쁜 기운, 아직 태어나지 않은 우리 아기와 우리 고양이 마야를 무섭게 하는 나쁜 기운을 모두 먼 곳으로 날려 보내 줘.'

레띠시아는 마음속으로 기도했어요.

"레띠시아, 그거 아니? 예전에는 정월 대보름 지나고도 연을 날리고 있으면 '고리백정'이라고 손가락질 했대."

"고리백정?"

"응, 농사를 짓지 않고 천한 일을 하는 사람들을 그렇게 불렀대. 농사일이 가장 중요한 일인데 대보름 지나고도 일을 하지 않고 연만 날리고 있으면 그렇게 놀렸다는 거야."

"레띠시아. 고리백정 되지 않게 내가 연을 끊어 줄까?"

말하기가 무섭게 방패연의 굵고 팽팽한 연줄이 다가왔어요. 환준이 오빠가 얼레를 이리저리 돌릴 때마다 방패연은 레띠시아의 연을 포위하고 을러대는 것 같았어요.

방패연의 줄이 레띠시아의 가오리 연줄을 팅팅 소리가 나도록 밀어 붙였어요.

"자, 레띠시아, 네 연줄을 어떻게 할까? 지금 끊을까?"

"잠깐만, 오빠! 그 전에 소원 하나만 빌게."

레띠시아는 눈을 감고 다시 한번 하늘을 향해 기도했어요. 온 가족이 건강해져서 레띠시아가 얼른 집에 돌아갈 수 있게 해 달라고요.

"이제 됐어, 오빠."

"좋았어, 간다!"

레띠시아가 말하자 방패연이 톱질하듯 레띠시아의 연줄을 끊었어요. 할아버지와 할머니의 연 아래로 이모의 연 오빠의 연 그리고 환희, 레띠시아의 연, 온 가족의 연이 하나하나 뒤를 따랐어요. 레띠시아는 온 가족이 액막이연을 날렸으니 이제 모두 일 년 내내 병도 없고 나쁜 일을 당하지도 않을 것이라고 믿었답니다.

쥐불놀이와 풍등 날리기

산중턱에서 새빨간 불빛이 빙글빙글 돌아가고 있어요.

"쥐불놀이다! 형, 우리도 쥐불놀이하자!"

쌍둥이가 보채자 환준이 오빠는 창고로 가서 망치와 대못을 가져와 통조림 깡통에 구멍을 뚫기 시작했어요. 할머니가 말했어요.

"옛날에는 쑥대_{쑥의 줄기}를 다발 지어 불을 붙여 돌리다가 마른풀에 불을 놓았던 놀이였는데, 6.25 전쟁 때부터는 미군 부대에서 나온 깡통을 이용하기 시작했다더라."

"피, 재미없어. 그게 무슨 놀이예요?"

환희의 말에 이모가 대답했어요.

"새까만 밤하늘에 올림픽 오륜기처럼 발갛게 타오르는 불빛이 아름답다는 생각이 들지 않니? 하늘에는 노란 달이 떠 있고 말이야."

이모 말대로 대보름날 쥐불놀이하는 광경은 영화의 한 장면을 보는

듯 멋있었지요.

"쥐불놀이는 풀 더미 속에 숨은 해충 알과 병균, 쥐들을 쫓는 역할을 해. 특히 쥐의 개체 수를 줄일 수 있어서 쥐불놀이라고 했던 거고. 지금은 농약이 개발된 데다 화재 위험이 있어서 옛날처럼 논밭에 불을 놓지는 않는단다."

할머니는 깡통에 불붙인 나무 조각을 넣어 주면서 말했어요.

"쥐불을 돌릴 때 불붙은 나무가 튕겨나가지 않도록 조심하거라."

모두 불이 타오르는 깡통을 하나씩 들고 까만 밤하늘에 빨간 불꽃으로 수를 놓았어요.

"레띠시아. 얼른 이리 와서 풍등에 소원을 적

어 봐."

이모가 소곤거렸어요.

'내가 올해 가장 원하는 것은 뭘까……?'

> 사랑하는 우리 가족, 새해 복 많이 받으세요!
> 새로 태어날 동생아, 사랑해!

레띠시아가 소원을 풍등 갓에 적자 할머니는 불을 달아 주었어요. 소원을 담은 레띠시아의 등이 두둥실 날아갔어요. 이어 가족들도 하나하나 등에 소원을 적어 하늘로 띄웠어요. 등은 하늘 위에 꽃처럼 두둥실 솟아올랐어요. 레띠시아는 저 등이 바다 건너 멀리 있는 부모님에게 닿게 해 달라고 빌었답니다.

우리나라 세시 풍속(설날·정월 대보름)

설날은 우리 민족 최대의 명절이에요.
설날의 세시 풍속으로는 차례, 세배, 설빔, 덕담, 설 그림, 복조리 걸기, 야광귀 쫓기, 윷놀이, 널뛰기, 머리카락 태우기 등 그 종류가 매우 많아요. 대표적인 것 몇 가지만 함께 알아볼까요?

설날 차례

정월 초하룻날 아침 일찍 각 가정에서는 대청마루나 큰 방에서 차례를 지내요. 차례상을 차리는 방식은 지방마다 다르지만 요새는 꼭 먹을 만큼만 간소하게 차리는 추세예요. 그래도 설날의 대표 음식인 떡국은 꼭 올린답니다.

세배

설날 차례를 마친 뒤에는 할머니와 할아버지 또는 집안의 가장 큰 어른에게 절하고 새해 인사를 올려요. 아랫사람이 윗사람에게 절하는 걸 세배라고 하지요. 아침을 먹은 뒤에는 다른 친척이나 이웃을 찾아 세배를 드린답니다.

복조리

설날 이른 아침 또는 섣달그믐날 밤 자정이 지나서, 대나무를 가늘게 쪼개어 엮어서 만든 조리를 벽에 걸어 두었는데, 이것을 복조리라고 해요. 전국에서 조리 장사가 이것을 팔기 위하여 초하루 전날 밤부터 밤새도록 골목을 돌아다녔다고 해요.

설빔

정월 초하룻날 아침에는 남녀노소 구분 없이 모두 일찍 일어나 세수하고 새 옷을 갈아입는데, 이것을 설빔이라고 해요. 설빔은 보통 대보름까지 입는답니다.

설 그림

조선 시대 말기까지 이어졌던 풍속인데요. 설날 도화서(그림에 관한 일을 맡아보던 관서)에서 새해에 복을 비는 그림을 그려 임금에게 드리고, 또 서로 선물로 주기도 했는데, 이를 '설 그림'이라고 해요.

야광귀 쫓기

설날 밤에 야광(夜光)이라는 귀신이 사람들의 신을 신어 보고는 자기 발에 맞으면 신고 간다는 속설이 있었어요. 이때 만일 신을 잃어버리면 신 임자는 그해 운수가 나쁘다고 했지요. 그래서 모두 신을 방 안에 들여놓았대요. 이날 밤에는 모두 불을 끄고 일찍 잠을 청했고, 야광귀를 막기 위해 대문 위에다 체를 걸어 두었어요. 야광귀가 체의 구멍을 세어 보다가 잘못 세어 다시 또 세고 하다가 신을 신어 보는 것을 잊어버리게 만드는 것이었죠.

정월(正月)은 한 해를 처음 시작하는 달로서, 그해를 설계하고 일 년의 운세를 점쳐 보는 달이에요. 대보름은 음력을 사용하는 전통 사회에 있어서 각별한 의미를 지녀요. 농경을 기본으로 하였던 우리 문화에서 달은 풍요로움의 상징이었지요. 그래서 농가에서는 정월에 휴식을 취하며 농사 준비를 하는 시기로 삼았어요. 또 새로운 시간의 창조를 위한 신성 의례와 건강하고 풍요로운 생활을 얻기 위한 다양한 놀이도 행해졌지요.

줄다리기

줄다리기는 '줄당기기'라고도 하며 주로 농촌에서 이루어진 마을 행사예요.
볏짚을 이용하여 암줄과 수줄을 만든 후에 마을 단위 혹은 군 단위로 나뉘어 줄을 당기게 되는데, 암줄이 승리를 해야 풍년이 든다고 했대요.

부럼 깨기

보름날 아침 일찍 일어나면 밤·호두·땅콩 등의 부럼을 깨요. 이렇게 하면 일 년 열두 달 종기나 부스럼이 나지 않는다고 믿었지요. 또 아침 일찍 일어나 사람을 마주치면 상대방 이름을 부르며 '내 더위 사 가라.'고 말해요. 이렇게 더위를 팔면 그해 더위를 먹지 않는다고 믿었대요. 아침 식사 후에는 소에게 사람이 먹는 것과 같이 오곡밥과 나물을 키에 차려 주는데, 소가 오곡밥을 먼저 먹으면 풍년이 들고, 나물을 먼저 먹으면 흉년이 든다고 믿었대요.

지신밟기

정초부터 대보름 무렵에 마을의 풍물패가 집집마다 돌며 흥겹게 놀아 주고 축원해 주는 것을 말해요.

액막이연 날리기

아이들은 대보름날이 되면 '액연 띄운다.'고 하여 연에다 '액(厄)' 혹은 '송액(送厄)' 등을 써서 연을 날리다가 해 질 무렵에 연줄을 끊어 하늘로 날려 보냄으로써 액막이를 했어요.

달맞이

초저녁에 높은 곳에 올라 달을 맞는 것을 말해요. 먼저 달을 보는 사람에게 행운이 찾아온다고 믿었지요. 아울러 달의 형체, 크기, 출렁거림, 높낮이 등으로 일 년 농사를 점치기도 했대요.

횃불싸움과 쥐불놀이

짚이나 솔가지 등을 모아 언덕이나 산 위에 쌓아 놓고 보름달이 떠오르기를 기다려 불을 질러요. 피어오르는 연기와 더불어 달을 맞이하고, 쥐불놀이와 더불어 이웃 마을과 횃불싸움을 하기도 했어요.

토론왕 되기!

전통 놀이, 위험하면 금지해야 할까?

다음 환희와 레띠시아의 대화를 통해 전통 놀이의 위험성에 대해 여러분의 생각을 정리해 보세요.

쥐불놀이는 놀이 형식을 빌어 해충을 없애고
쥐도 잡는 효과를 보던 풍속이야.
요즘은 여러 가지 기계와 농약을 사용해서 없앨 수 있어.
옛날과 사정이 달라졌는데도 쥐불놀이를 계승해야 할까?

쥐불놀이를 하게 된 원인이 사라졌다고 해도
놀이로서 정착된 풍습을 없애면 안 된다고 생각해.
생활 풍습이 변해서 이젠 평소에 한복을 안 입잖아.
그래도 우린 전통문화를 계승한다는
명분으로 명절에는 한복을 입지.

한복과는 조금 다른 경우라고 생각해.
한복은 예술적으로도 가치가 높기 때문에
조금 불편하더라도 보존할 필요가 있다고 봐.

차가운 밤하늘을 배경으로 별보다 밝은 빛을 비추면서
무늬를 그리는 쥐불놀이의 예술성도
한복의 아름다움 못지않다고 생각해.

멋있는 하나의 장면일 뿐이야. 그건 불꽃놀이로 대체할
수도 있잖아. 한복이랑은 비교가 안 돼.

> 쥐불놀이도 불꽃놀이만큼 아름다워. 여럿이 하기 때문에 다양한 문양도 만들 수 있는걸.

 하지만 놀이 기구라든가 놀이 방법, 표현상의 제약 때문에 뻔한 무늬만 나오잖아. 예술성이 떨어진다고.

> 예술적인 면은 떨어지더라도 가족이나 친구들, 같은 마을 사람들이 함께 놀이를 하면서 연대감을 얻고 즐거움도 느낄 수 있다고.

 굳이 쥐불놀이가 아니어도 함께할 수 있는 놀이는 많은 것 같아.

> 다른 아이들 생각은 어떨까?

2020년 행정 안전부는 해충을 없애려고 논·밭두렁을 태우는 것은 오히려 해충의 천적을 사라지게 만들어 해충 제거에 효과가 없다고 했어요. 또 큰불로 번질 수도 있기 때문에 쥐불놀이를 하지 말라고 했지요. 부득이하게 태워야 할 때는 마을 차원에서 지방 정부의 산림 관련 부서에 허가를 받은 뒤 태워야 해요.

오랜 세시 풍속이었던 쥐불놀이의 전통을 계승하면서 안전을 보장받으려면 어떤 식으로 문화를 변형해야 할까요? 이제는 소용없으니까 무조건 없애야 하는 걸까요?

선 긋기

겨울철 세시 풍속의 이름과 설명이 서로 이어지도록 선을 그어 보세요.

 1 야광귀 쫓기

가 초저녁에 높은 곳에 올라 먼저 달을 보는 사람에게 행운이 찾아온다고 믿었지요. 아울러 달의 형체, 크기, 출렁거림, 높낮이 등으로 일 년 농사를 점치기도 했대요.

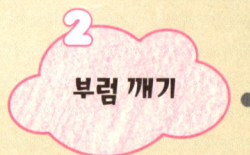 2 부럼 깨기

나 조선 시대 말기까지 이어졌던 풍속인데요, 설날 도화서(그림에 관한 일을 맡아보던 관서)에서 새해에 복을 비는 그림을 그려 임금에게 드리고, 또 서로 선물로 주기도 했어요.

 3 설 그림

다 보름날 아침 일찍 일어나면 밤·호두·땅콩 등을 깨물어요. 이렇게 하면 일 년 열두 달 종기나 부스럼이 나지 않는다고 믿었지요

 4 지신밟기

라 설날 밤에 귀신이 사람들의 신을 신어 보고는 자기 발에 맞으면 신고 간다는 속설이 있었어요. 이때 만일 신을 잃어 버리면 신 임자는 그해 운수가 나쁘다고 했지요. 그래서 모두 신을 방 안에 들여놓았대요.

5 달맞이

마 정초부터 대보름 무렵에 마을의 풍물패가 집집마다 돌며 흥겹게 놀아 주고 축원해 주는 것을 말해요.

정답: ①-라, ②-다, ③-나, ④-마, ⑤-가

2장

단옷날에는 뭐 하고 놀까?

오월이라 단옷날

　대보름이 지난 지도 한참인데 날씨는 몹시 찼어요. 하지만 눈 쌓인 계곡 아래로 물이 졸졸 흐르는 소리가 들리더니, 산수유꽃이 산중턱을 노랗게 물들였어요. 산자락에서부터 날마다 조금씩 연분홍과 노랑이 번지기 시작했어요. 산목련이 하얗게 산을 물들이고 어느샌가 벚꽃잎들이 함박눈처럼 쏟아져 내렸지요. 그러는 동안 레띠시아도 어느덧 한국 학교생활에 익숙해졌답니다.

　수업이 끝난 후 레띠시아는 현관에서 환희, 환희의 친구 경진이, 수아가 재잘거리고 있는 것을 보았어요.

　"레띠시아! 우리 오늘 인사동 들렀다 가자. 단옷날 머리 장식할 댕기

사러 갈 거야."

프랑스에서 유치원 다닐 때 각 나라 문화를 알리는 과제가 있었는데, 레띠시아는 머리에 엄마가 쓰던 댕기를 드리고 갔어요. 한국의 전통 의상에 대해 이야기해서 친구들에게 박수를 받았지요.

네 아이는 인사동에서 댕기도 사고 맛좋은 전통 과자들도 사 먹으며 즐거운 시간을 보냈답니다.

드디어 단옷날이 밝았어요. 이모는 레띠시아와 환희, 환희 친구들을 데리고 유네스코 세계 무형 유산인 '강릉 단오제'에 가기 위해 일찍 집을 나섰어요. 강릉 단오제가 열리는 곳은 입구서부터 많은 사람들로 붐볐어요. 장터에는 노가리 구이, 오징어구이 같은 동해안 해산물, 다래, 오디, 산딸기 같은 과일, 산자, 약과, 각종 꿀, 호박엿을 파는 수레들이 즐비했어요. 레띠시아와 환희는 주차장에서 예쁜 단오빔_{단오에 나쁜 귀신을 없앤다는 뜻에서 행하던 여자들의 치장}으로 갈아입고 이모가 드려 준 댕기를 팔랑거리며 축제장 안으로 들어갔어요.

"어디로 먼저 갈까? 우리 관노 가면극 보러 갈까?"

이모의 말이 끝나기도 전에 환희가 "그네 타러요!" 하고 외쳤어요. 대사 없이 춤과 동작만으로 이루어진 국내 유일의 무언無言 전통 가면극이라 큰 의미를 지니고 있다는 관노 가면극이었지만, 아이들은 신나게 노는 게 더 좋았어요.

레띠시아의 우리 문화 관찰 노트

단옷날은 어떤 명절일까?

① 단오의 뜻
단오(端午)는 수릿날이라고 해서 설날, 한식, 한가위와 더불어 우리 민족이 중요하게 생각하던 4대 명절 중 하나예요. 단오의 '단(端)' 자는 첫 번째를 뜻하고, '오(午)' 자는 다섯이란 뜻과 통하기 때문에 오월 초닷새를 의미하지요.

② 단오의 유래
옛 동양의 여러 나라들은 봄에 농사를 잘 짓게 해 달라고 하늘에 제사를 지내는 제천 의식을 치렀는데요, 단오는 그 제천 의식이 계승되어 내려온 것으로 추측하고 있답니다.

③ 단오놀이
단오에는 그네뛰기, 씨름, 단오제(제사), 널뛰기, 투호 놀이 등을 하며 보내요. 이 중 그네뛰기는 단옷날 여인들의 대표적인 놀이로, 조선 후기의 화가 신윤복의 '단오풍정'을 보면 잘 나타나 있어요. 지역민들이 단합하여 치르는 의식에는 단오제와 단오굿이 있는데, 강원도의 강릉 단오제는 2005년 유네스코 세계 무형 유산으로 지정되었답니다.

④ 단옷날 음식
단옷날에는 수리떡과 약떡을 먹어요. 쑥 잎을 따다가 찌고 멥쌀가루 속에 넣어 반죽을 하여 수레바퀴 모양으로 빚어 만든 것이 수리떡이지요. 약떡은 전라남도 지역에서 전하는 음식이에요. 밤이슬을 맞혀 두었던 여러 가지 풀을 가지고 단옷날 아침에 떡을 해 먹는데, 이것을 약떡이라고 해요. 앵두화채를 만들어 먹기도 하며, 아이들의 주전부리로 옥수수나 쌀 등을 튀겨 주기도 했어요.

 단오놀이를 체험해 보자!

그네뛰기

그네 타는 곳을 찾는 건 어렵지 않았어요. 그네를 높은 나무에 맺기 때문에 멀리서도 쉽게 알아볼 수 있었으니까요. 그네 위에서 바람에 부풀어 한들거리는 친구들의 치마폭이 꽃송이처럼 보였어요.

아이들은 가위바위보를 해서 누가 먼저 그네를 탈지 정하기로 했어요. 서로 먼저 타고 싶은 마음이었거든요.

"난 한 번도 타 본 적 없는데……."

레띠시아가 걱정하자 수아가 말했어요.

"한번 타 봐. 내가 가르쳐 줄게."

레띠시아는 수아가 가르쳐 준 대로 한 발을 그네에 올려놓고 다른 발로 그네를 세게 밀어 하늘로 솟아올랐어요. 처음이라 조금 힘들었지만 그리 어려운 기술은 아니었어요.

"난 오늘 그네뛰기 대회에서 일등을 할 테야."

레띠시아의 말에 수아가 엄지척을 했어요. 레띠시아는 몇 분 만에 자연스럽게 그네를 탔고 이제는 더 높이 오르려고 욕심을 부렸어요.

높이 올라 아래를 굽어보니 풍물 장터 한쪽에서는 씨름 대회가 벌어지고 있었어요.

샅바를 잡은 장사 둘이 서로를 넘어뜨리려고 다리를 거는 모습이 흥미로웠어요. 레띠시아는 그네를 타면서 장터의 풍경을 하나도 빠뜨리지 않고 눈에 담았답니다.

널뛰기

장마당 장이 서는 곳 한쪽이 웅성거렸어요. 내려다보니 경진이 엄마랑 이모가 널뛰기를 하고 있었어요.

우리의 세시 풍속과 전통 놀이

그런데 생판 모르는 사람들이 두 편으로 나뉘어서 마치 옛날부터 친구였던 것처럼 서로를 응원하고 있지 뭐예요. 안전하게 잡을 수 있는 손잡이가 있고 무게에 따라 좌석 앞뒤를 선택할 수 있는 시소와 달리, 가마니를 둘둘 말아 가운데에 받치고 그 위에 널빤지를 얹은 거라 왠지 불안해 보였지요. 지난번 환희 할머니네서 체험해 봤지만 역시 널뛰기는 아무나 하는 게 아닌 듯 보였어요.

하지만 경진이 엄마와 이모가 널뛰기하는 모습을 보는 순간, 레띠시아는 왜 널뛰기 시합이 그렇게 인기인지 깨달았어요. 자유자재로 널의 앞쪽과 뒤쪽을 오가며 발을 굴러 상대를 무너뜨리는 것이 널뛰기의 묘미였지요. 널 하나로 그네만큼이나 높이 뛰어오르는 어른들을 보니 우리 선조들은 모두 기계 체조 선수 못지않았을 것 같아요.

"자, 경진 엄마! 한번 받아 봐요."

이모가 배 쪽으로 끌어당겼던 두 다리를 쭉 펴서 널을 세차게 구르며 외쳤어요.

그 순간 경진이 엄마는 "어, 어" 하는 소리를 내면서 몸의 균형을 잃고는 널 바깥으로 가까스로 뛰어내렸어요. 사람들이 "와!" 하면서 박수를 쳤어요.

레띠시아도 손가락으로 브이를 그리면서 이모에게 달려갔어요. 사인이라도 받고 싶은 마음이었답니다.

투호 놀이

　과녁이 여럿 마련된 한쪽 마당에서는 사람들이 모여 활쏘기를 하느라 북적였어요. 한민족은 까마득한 옛날부터 뛰어나게 활을 잘 쏘는 민족이라 동이족 동방의 활을 쏘는 민족이라고 불렸대요. 올림픽 때도 양궁은 거의 한국인들이 금메달을 독차지하잖아요. 하지만 레띠시아와 환희는 활쏘기를 포기해야 했어요. 활시위가 얼마나 팽팽하고 강하던지 활줄조차 당길 수 없었기 때문이에요.

　"저기! 우린 아직 활보다는 투호 놀이 하는 게 더 나은 것 같아."

　경진이가 가리킨 곳을 보자 커다란 항아리에 화살처럼 생긴 것들이 가득 들어 있었어요. 화살을 빈 항아리에 던져서 꽂는 놀이였어요.

　"겨우 몇 걸음 앞에 있는 항아리에 활을 꽂는 건 너무 시시하잖아."

　"그래도 일단 해 보자."

　환희가 얼른 뛰어가 활을 하나 집어 들고는 자신 있게 던졌지요. 하지만 화살은 힘없이 픽 소리를 내면서 바로 앞에 떨어졌어요. 레띠시아도 힘껏 항아리 위의 고리를 향해 화살을 던졌어요. 항아리 입구는 꽤 넓었는데도 화살은 빗나가 버렸어요.

　그런데 이럴 수가! 이모와 경진이 엄마는 그냥 휙 던졌는데도 화살이 자석에 끌려가는 것처럼 곧바로 날아가서 고리에 척척 꽂히지 뭐예요!

"엄마랑 아주머니는 먼저 연습하고 오신 거 아니에요?"

경진이 엄마가 호호호 웃었어요.

"우리하고 너희 세대는 다르지. 체육 시간에 운동도 너희보다 훨씬 많이 했고, 컴퓨터 게임보다는 스포츠나 전통 놀이 같은 걸 더 즐겼으니까."

환희가 끼어들었어요.

"맞아요. 우리 엄마는 공기놀이도 엄청나게 잘하세요. 별것 아닌 것 같은데 직접 해 보니까 쉽지 않았어요."

레띠시아와 환희는 마주 보고 웃었어요.

눈에 보이는 놀이마다 다 구경하고 직접 해 보는 동안 그림자가 점점 길어졌어요.

"경진아, 환희야. 배고프지 않니?"

엄마들이 들으라는 듯 수아가 큰 소리로 칭얼거렸어요.

"배고프다……. 배가 고파서 이제 걷지도 못할 것 같아."

민화를 따라 그리느라 골몰해 있던 경진이 엄마가 아이들을 바라보았어요.

"환희 엄마, 애들 배고프대."

모란에 색을 칠하던 이모는 그제야 고개를 들고 시계를 보더니 화들짝 놀랐어요.

"어머, 벌써 세 시야? 시간 가는 것도 몰랐네."

이모는 그리고 있던 그림을 빨랫줄에 집게로 널어 놓고는 가방을 어깨에 멨어요.

"얘들아, 단오 특식 먹으러 가자."

앞장선 어른들을 따라가면서 레띠시아는 아직 경험하지 못한 것들을 마음에 하나하나 담았답니다. 찹쌀에 버무린 덩어리를 길게 늘여 16,384 가닥으로 뽑아낸다는 꿀타래와 떡메로 직접 쳐서 만드는 찹쌀떡 등 한국 고유의 음식들은 참 정성이 많이 들어간다는 생각을 했어요.

대청마루처럼 보이는 식당으로 들어서자 전채 요리_{정해진 식사에 앞서 식욕을 돋우기 위해 먹는 음식}가 먼저 나왔어요. 분홍색 주스에 체리보다 조금 작고 동글동글한 열매들이 가라앉아 있었어요.

"이건 앵두화채야. 옛날엔 집집마다 앵두나무 한두 그루쯤은 심었어. 앵두는 단옷날 비타민을 섭취하기에 좋은 열매였단다."

앵두는 체리보다는 살짝 신맛이 강하고 향기로웠어요. 꿀에 절여 찬물에 담근 앵두화채를 한 그릇 비우자 이번에는 각종 봄나물과 된장찌개, 고기산적 등 대표적인 한식이 나왔어요. 그중 가장 푸짐해 보이는 것은 꽃 문양이 찍힌 떡들이었어요.

"이모, 이거 쑥떡이에요?"

"색깔은 쑥하고 같은데 이건 수리취로 만든 떡이란다."

환희가 눈을 반짝이며 물었어요.

"수리취가 쑥 종류 아녜요?"

"수리취는 취나물의 일종이야. 쑥은 향기가 강하지만 수리취 향은 은은하지."

환희가 분홍 진달래꽃이 새겨진 하얀 떡을 집어 들었어요.

"난 화전이 더 좋아. 특히 진달래꽃 붙인 거."

"꽃을 붙여? 그림이 아니라 진짜 꽃이야?"

이모가 분홍 꽃이 아로새겨진 떡 하나를 집어 레띠시아의 앞접시에 놓으며 말했어요.

"봄이나 가을에 피는 꽃들을 찹쌀 반죽에 붙여서 지져 내는 게 화전이야. 내가 어릴 때는 그냥 무늬를 낸 거라고 생각했는데, 알고 보니 진달래, 제비꽃, 산국이나 감국들국화처럼 먹을 수 있는 꽃들을 붙인 거였어. 그리고 그런 꽃들은 소염 작용과 천연 항생제 역할을 한대. 이처럼 전통 요리는 음식이자 약이라고 보면 돼."

맛깔스러운 단오 특식을 먹고 나자 디저트로 매실차가 나왔어요.

"요즈음이 청매실이 잘 익을 때야. 그래서 단옷날은 찬물에 매실청을 넣어 마셨지. 다가오는 여름을 이겨 내려고 봄 과일로 풍부한 비타민을 섭취한 거야."

레띠시아는 고개를 끄덕이며 달콤새콤한 데다 매화꽃 향이 풍기는 매실차를 조금씩 홀짝거렸어요.

"옛날에 먹던 화채는 대개 제철 과일로 만들었어. 단오는 매실이 잘 익는 계절에 쇠는 명절이라 궁중에서는 매실을 주재료로 해서 '제호탕'이라는 청량음료를 만들어 먹었다고 해."

"옛날 사람들도 청량음료를 먹었다고요?"

수아가 이모를 향해 눈을 동그랗게 뜨며 물었어요.

"그렇다니까."

모두 즐거웠던 단오 명절을 향기로운 매실차로 마무리하면서 되돌아보았어요.

"레띠시아, 오늘 즐거웠니?"

"네. 단오 음식도 맛있고 놀이도 너무 재미있었어요."

"다행이네. 세월이 흐르면 명절의 원래 의미는 잊혀지곤 하지. 중국에서도 단오를 큰 명절로 지낸단다. 이모가 숙제 하나 내 줄까? 단오의 의미는 무엇이고, 중국과 한국의 단오는 어떤 공통점이 있고 다른 점이 있는지 알아 오기! 둘이 서로 도와 가면서 조사를 분담하면 더 의미가 있겠지?"

레띠시아는 순간 당황했어요. 그러다 곰곰이 생각해 보니 한국의 전통을 배우러 왔으니 신나게 놀기만 하는 건 의미가 없다는 생각이 들었어요.

"알겠습니다, 이모. 환희 언니랑 같이 열심히 조사해 볼게요."
레띠시아는 명절에 숙제를 내 주는 이모가 선생님처럼 느껴졌어요.

단옷날에 마시는 제호탕

옛 조상들은 단오를 기점으로 날이 본격적으로 더워지기 시작할 무렵, 여러 방법으로 곧 다가올 한여름을 대비했어요. 이러한 방법 가운데 하나가 제호탕(醍醐湯)과 같은 한약재로 만든 전통 음료를 마시는 것이었지요.
'제호탕'은 '맛있고 정신이 상쾌해진다'는 뜻이에요. 내의원에서는 이 음료를 마시면 더위를 먹지 않게 되고 갈증이 가시면서 정신이 상쾌해지는 효과가 있다고 해서 단옷날 왕에게 진상했어요. 그러면 왕은 다시 원로 대신들에게 이 음료를 하사하고 같이 마셨답니다.
어떻게 해서 갈증이 가시는 거냐고요? 제호탕의 재료인 백단향(白檀香), 초과(草果), 오매육(烏梅肉) 등의 약재가 지닌 효능 덕분이에요. 초과는 냉기를 낮게 하고 속을 따뜻하게 해서 구토를 멈추게 하며 복부 팽만을 해소시킨대요. 백단향은 성질이 따뜻하고 독이 없으며 열로 부은 것을 삭이고 신기로 오는 복통을 낮게 돕고요. 매화나무의 미성숙한 과실로 만든 오매육은 항산화와 항암 효과가 있다고 해요.

우리나라 세시 풍속(단오)

5월은 여름철 세시 풍속의 중심을 이루고 있는데, 대표적인 명절로는 5월 5일 단옷날을 들 수 있어요. 단옷날은 고려 시대엔 9대 명절에 속했고, 조선 시대에는 설날, 한식, 추석과 함께 4대 명절에 속했지요. 그럼 단옷날에는 어떤 풍속과 행사가 이루어졌는지 살펴볼까요?

단오장

부녀자들은 '단오장(端午粧)'이라 하여 창포 뿌리를 잘라 비녀로 만들어 머리에 꽂아 두통과 재액(災厄)을 막고, 창포를 삶은 물에 머리를 감아 윤기를 더했어요. 또 단옷날 새벽 상추밭에 가서 상추 잎에 맺힌 이슬을 받아 분을 개어 얼굴에 바르면 버짐이 피지 않고 피부가 고와진다고 믿었대요. 남자들은 단옷날 창포 뿌리를 허리에 차고 다니는데, 이는 귀신을 물리칠 수 있다는 믿음에서 비롯되었대요.
설빔처럼 옷도 잘 차려입었어요. 부녀자들은 녹색 저고리에 빨간 치마를 입었고 부인들은 계절에 맞게 흰 모시 저고리에 파란 모시 치마를 입기도 했지요.

약쑥 베기

단옷날 중에서도 오시(午時:오전 11시~오후 1시)가 가장 양기가 왕성한 시각으로 생각했어요. 약쑥, 익모초, 찔레꽃 등을 따서 두는데, 말려 둔 약쑥은 농가에서 홰(화톳불을 놓는 데 쓰는 물건으로 싸리, 갈대, 또는 노간주나무 따위를 묶어 불을 붙여서 밤길을 밝히거나 제사를 지낼 때에 쓴다.)를 만들어 일을 할 때에 불을 붙여 놓고 담뱃불로도 사용하기도 했어요. 또 오시에 뜯은 약쑥을 한 다발로 묶어서 대문 옆에 세워 두어 재액을 물리쳤어요. 농가에서는 대추 풍년을 기원하기 위해 대추나무 가지 사이에 돌을 끼워 놓았는데, 이것을 '대추나무 시집보내기'라고 불렀어요.

단오선

단오 무렵이면 더위가 찾아오니, 이날 부채를 만들어 왕에게 진상했는데, 이것을 '단오선'이라고 해요. 이 외에도 더운 여름철의 건강을 유지하는 지혜와 신체 단련을 위한 놀이, 재액을 방지하기 위한 풍속, 풍작을 바라는 의례가 주를 이루었지요.

단옷날의 대표적인 놀이로는 그네뛰기와 씨름을 들 수 있어요. 그네뛰기는 단옷날 여성들의 대표적인 놀이였지요. 단오 전날을 '작은 단오'라 부르는데, 이날엔 약쑥을 베어 놓고 다음 날 뛸 그네를 매어 놓아요. 단옷날만큼은 며느리가 하루 종일 그네를 뛰며 놀 수 있는 날이었기 때문에 단옷날을 '며느리 날'이라고도 불렀대요. 단오에 친정에서 온 딸과 며느리가 팀을 이뤄 그네뛰기 경쟁을 벌이기도 했대요. 강원도 강릉에서는 단옷날을 '과부 시집가는 날' 또는 '돌베개 잠자는 날'이라고도 하는데, 이 또한 며느리 날과 유사한 의미의 표현이랍니다.

그네뛰기와 쌍벽을 이루는 대표적인 남성들의 놀이로 씨름 대회가 있어요. 씨름 대회에서 이기는 사람에게는 관례로 황소를 상품으로 주었어요. 경기 방식은 요즘과 같이 토너먼트식(경기를 거듭할 때마다 진 편은 제외시키면서 이긴 편끼리 겨루어 최후에 남은 두 편으로 우승을 가리는 경기 방식)이 아니라 도전자들을 모두 이겨 상대자가 없으면 우승하는 방식이었답니다.

토론왕 되기!

강릉 단오제가 중국 전통문화라고?

우리의 전통 명절인 단오에 벌이던 강릉 단오제가 2005년 유네스코 세계 무형 유산에 등재되면서 세계적으로 가치를 인정받고 있어요. 중국과 일본에서도 단오를 기념하는 전통이 있지만 우리와는 다른 문화예요. 그런데 우리나라 단오가 유네스코 세계 무형 유산에 등재되자 중국에서는 자기네 전통을 우리가 빼앗아 갔다고 우기고 있어요. 환희와 레띠시아가 벌이는 토론을 보고 여러분은 어떤 입장인지 정리해 보세요.

찾아보니 한국의 단오는 유네스코 세계 무형 유산에 등재되어 있더라고. 그런데 중국에서는 단오가 중국의 명절을 가져다 쓴 거니 단오는 한국 것이 아니라 중국 문화라고 주장한다며?

한국 단오와 중국의 단오는 다른 거야.

어떻게 다른데?

중국 단오는 초나라 시인 굴원을 추모하는 데서 시작된 전통이야. 충직한 굴원을 시샘한 간신들이 그를 모함해 유배를 가게 되었는데, 이후 초나라가 망해 버리자 굴원이 슬퍼하며 강에 몸을 던졌지. 그날이 5월 5일이었고 사람들이 굴원의 혼을 기리던 제삿날이 지금의 단오가 된 거야.

그럼 중국에서 단오가 먼저 시작된 건 맞네.

그렇게 단정 지을 수는 없어. 왜냐하면 우리나라의 단오는 굴원과는 아무 상관이 없거든. 우리 선조들은 한 해 농사가 잘되길 기원하는 제사를 5월에 지냈고 이게 한국 단오의 시작이야. 이때는 '수릿날'이라는 이름이었는데 음력 5월 5일을 뜻하는 한자어인 '단오'를 쓰면서 중국의 단오와 이름이 겹치게 된 거지.

아, 그렇구나. 이름이 같을 뿐 시작은 다른 전통 행사라는 얘기네. 맞다, 일본에도 단오가 있다며?

응. 그런데 일본의 단오는 남자아이들을 위한 명절이야. 그런데 이날도 5월 5일이어서 단오라고 하는 거지. 한국이나 중국과는 달리 잉어 깃발을 달아 아이들이 건강하고 큰 인물이 되기를 기원해. 이렇듯 세 나라의 단오는 5월 5일이라는 공통점으로 인해 같은 이름을 가지게 된 것일 뿐, 모두 다른 행사라 보는 것이 맞아.

그러고 보니, 서양의 부활절도 영어로 이스터라고 하는데 그것은 고대 앵글로색슨어의 새벽과 봄의 여신을 뜻하는 말에서 유래된 거거든. 즉 새벽은 어둠을 물리친다는 의미와 봄은 겨울을 이기고 나온다는 의미인 두 단어를 합성하여 부활절을 가리키는 명칭이 된 거래.

강릉 단오제를 이루는 축제 놀이 하나하나가 독특하고 창조적이야. 중국의 전통과 일치하는 풍습이나 놀이가 거의 없어. 유네스코는 이러한 부분을 평가해서 우리의 단오를 독자적인 세계 무형 유산으로 등재한 것이지.

둘이 아주 열심히 조사를 했구나. 지리적으로 붙어 있는 나라들은 서로서로 영향을 주기도 하고 받기도 하지. 그래서 때로는 이렇게 비슷한 전통문화를 놓고 자신들이 원조라고 주장하고 대립하는 경우도 있단다. 그렇기에 더욱 우리의 전통문화를 이해하고 계승해 나가야만 하는 거야. 이를 위한 노력으로는 어떤 것이 있을지 같이 생각해 보자꾸나.

O, X 퀴즈

친구들이 우리나라의 단오에 대해서 이야기하고 있네요.
맞게 설명한 내용은 ○, 틀린 내용은 X라고 표시해 주세요.

1 단옷날에는 창포물로 머리를 감아요.

2 단옷날 전날에 상추 잎에 묻는 이슬을 분에 개어 발라요.

3 단옷날 씨름 대회 방식은 지금처럼 토너먼트식으로 진행되었어요.

4 단옷날에는 더위를 먹지 말라고 '단오선'이라는 부채를 만들었어요.

5 단옷날엔 여자들이 자유롭게 그네뛰기를 할 수 있어서 '며느리 날'이라고 부르기도 했대요.

사라져 가는 전통문화, 어떻게 보존할까?

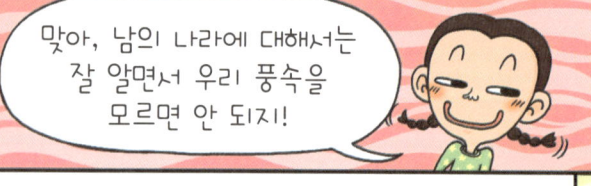

 가을이 여름에게 세 번 엎드려 절한 날

초록빛이 나날이 짙어지고 있어요. 산은 갈수록 시원한 색으로 바뀌었지만, 밤이 되면 서늘했던 날씨가 어느새 새벽이 와도 숨이 턱턱 막히게 덥기 시작했어요.

"우리나라는 이제 완전히 아열대 기후네."

이모가 단오 때 산 부채로 부채질을 하면서 말했어요.

"엄마, 에어컨 좀 켜면 안 돼요?"

"원래 더위를 이겨야 겨울 추위도 이길 수 있는 거야."

"하지만 여름은 더워도 너무 덥고 습해요."

"자고로 한국 사람이라면 더위에 지친 몸을 에어컨으로 식히지 않고 보신해서 이겨야 하는 거라고. 그래야 겨울 추위도 거뜬히 이겨 내지. 오죽하면 가을이 여름 집에 놀러 갔다가 너무 더워서 무릎을 꿇었다고 하겠어? 가을이 세 번 엎드렸다고 해서 여름의 가장 더운 때를 삼복이라고 하잖아?"

이모는 말을 하면서도 컴퓨터 앞에 앉아 바쁘게 뭔가 검색하고 있습니다.

복날엔 뭘 먹을까?

삼복은 중국 진(秦)나라 때부터 시작되었으며, 일 년 중 무더위가 가장 기승을 부리는 시기여서 삼복더위라는 말이 생겨나기도 했어요. 우리나라는 복날에는 더위에 지친 몸을 보신하기 위해 삼계탕 같은 음식들을 먹었어요. 또 복날 더위를 먹지 않고 질병에 걸리지 않는다 하여 팥죽이나 수박, 참외를 먹었지요.

복날 각 지방에서는 술과 음식을 준비해 계곡이나 산을 찾아 하루를 즐겁게 보내며 더위를 잊었는데, 서울에서는 삼청동 성조 우물물을 먹으며 계곡물에 머리를 감거나 목욕을 했대요.

"가장 더운 때인 음력 6월에서 7월 사이 열흘 간격으로 초복, 중복, 말복이 있는데 옛날엔 더위를 보양식으로 이겼단다. 삼계탕을 먹거나 시원한 계곡 같은 데 가서 참외, 수박을 먹으면서 계곡에 발을 담그는 탁족濯足: 발을 씻음으로 더위를 이겼지. 우리는 일단 보양식 먹으러 가자!"

이모는 유명한 삼계탕 식당으로 레띠시아와 환희를 데려갔어요. 점심시간이 훨씬 지났는데도 사람들이 삼계탕을 먹기 위해서 줄을 서 있었어요.

"옛날엔 나무 그늘에 앉아서 친구들하고 고누 놀이를 하면서 더위를 견뎠다고 하더라."

"고누 놀이요?"

"그래. 옛날에는 한여름이 오면 어린아이들은 느티나무 아래에 칸을 그려서 고누 놀이를 하고 어른들은 평상 위에서 바둑을 두었대."

환희가 눈을 반짝이면서 소리쳤어요.

"나 고누 놀이 알아요! 유치원 때 엄마가 가르쳐 주셨잖아요?"

"그렇지, 시간이 흐르다 보니 대부분의 사람들이 전통 놀이를 잊어버려서 너희 세대는 책을 보면서 배우지 않으면 배울 데가 많지 않은 거지, 뭐."

환희가 으쓱거리면서 말했어요.

"언니가 가르쳐 줄게."

레띠시아는 은근히 걱정이 됐어요. 또 얕잡아 보다가 큰코다칠까 봐 말이에요.

"언니가 너 체스 잘 둔다던데? 체스랑 아주 비슷해."

바둑은 체스와 비교가 되지 않을 정도로 어렵다던데 고누도 비슷한 수준 아닐까요? 하지만 환희는 한 번만 해 보면 금방 익힐 수 있다며 자기만 믿으라고 큰소리쳤어요.

이야기를 하는 동안 레띠시아네 차례가 왔어요. 구수한 향기를 풍기며 커다란 뚝배기에 담긴 삼계탕이 나왔어요. 지글지글 끓는 국물에는 삼과 대추, 황기처럼 몸에 좋은 약초들이 가득했어요. 닭 배 속에 찹쌀과 밤, 삼이 들어 있어 보기만 해도 얼마나 영양분이 풍부할지 짐작할 수 있었지요. 구수하고 뭐라 말할 수 없는 맛, 이모가 감칠맛이라고 부르는 그 맛이 일품인 보양식이었답니다.

삼복에는 뭘 하고 놀지?

날씨가 너무 더우니 산책을 가는 것도, 도서관에 가서 책을 읽는 것도 선뜻 내키지 않았어요. 환희가 말했어요.

"레띠시아, 뭐 해? 우리 고누 놀이하자."

"좋아."

이모가 고누판을 직접 그리기 시작했어요.

그때 전화기가 요란하게 울렸어요. 수화기 너머에서 서툰 발음으로 "여보세요?" 하는 소리가 들리더니 곧 "알로?" 하면서 불어로 뭔가 말하는 소리가 들렸지요.

"레띠시아, 네가 받아 봐. 이모부 같기는 한데 프랑스 말이라 하나도 못 알아듣겠어."

레띠시아가 달려와 환희에게서 얼른 수화기를 건네받았어요.

"빠빠!"

얼마 동안 전화를 하던 레띠시아는 눈물이 글썽글썽한 채 수화기를 이모에게 건넸어요.

이모는 불어를 잘해요. 엄마와 이모가 함께 프랑스 문화원에 영화를 보러 다니다가 아빠를 만났거든요.

"레띠시아, 무슨 일이야? 이모가 많이 편찮으신 거야?"

고개를 젓는 레띠시아 눈에서 눈물이 톡 떨어졌어요.

"그런데 왜 울어?"

"기뻐서. 엄마가 동생을 낳았대. 이름은 앙셀름. 엄마는 다른 산모들보다 몸이 안 좋아서 좀 더 병원에 있어야 한대."

이모가 레띠시아를 불렀어요.

"아빠가 너 다시 바꿔 달라는데?"

레띠시아가 쪼르르 달려갔어요.

"빠빠, 뛰 므 망끄!⟨아빠, 보고 싶어요!⟩"

레띠시아가 울먹이며 말했어요.

"엄마, 이모가 많이 아파?"

환희의 질문에 엄마가 고개를 젓고는 속삭였어요.

"엄마, 아빠가 보고 싶어서 그런 거야."

레띠시아의 우리 문화 관찰 노트

고누 놀이가 궁금해!

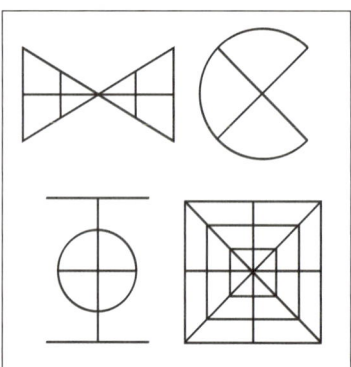

고누는 땅이나 밭에 그린 판에 말을 움직여 상대편 말을 잡거나 가두어서 움직이지 못하도록 하는 놀이예요. 전국적으로 행해지는 여름철 민속 놀이지요. 주로 어린이들의 놀이이지만 어른들이 즐기기도 해요. 고누는 지역에 따라 꼬누, 고니, 꼬니, 꼰으로 불리기도 해요.

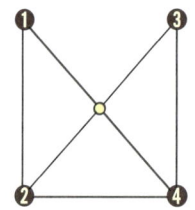

말굽고누 하는 법

1. 가위바위보로 순서와 말을 정한다.
2. 흰 말은 1번, 2번에, 검정 말은 3, 4번에 놓는다.
3. 순서에 따라 한 번씩 말을 번갈아 가며 움직인다.
4. 처음 시작할 때 1, 3번 말은 움직일 수 없다.

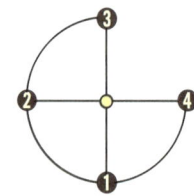

우물고누 하는 법

1. 가위바위보로 순서와 말을 정한다.
2. 흰 말은 1번, 2번에, 검정 말은 3, 4번에 놓는다.
3. 순서에 따라 한 번씩 말을 번갈아 가며 움직인다.
4. 처음 시작할 때 1, 4번 말은 움직일 수 없다.

이처럼 고누 모양은 다양하며 기본 방법은 똑같아요. 고누 놀이의 장점은 마당에서도 할 수 있지만 방 안에서도 말판을 그려 놓고 즐길 수 있다는 점이에요.

레띠시아가 전화를 끊고는 소매에 눈물을 쓱 문지르더니 다시 아무 일도 없었다는 듯 자리에 앉아 고누판을 들여다보았어요. 환희는 슬퍼하는 레띠시아의 손을 꼭 잡아 주었답니다.

우리나라 세시 풍속(6월과 7월)

유두

6월은 계절적으로 가장 무더우며, 삼복(三伏)이 들어 있는 때예요. 따라서 보양탕, 삼계탕으로 몸을 보신하지요. 하지만 더위에 지쳐 병이 생기기 쉬우므로 액을 물리치는 풍속이 이루어졌어요. 대표적인 것이 바로 유두랍니다. 유둣날에는 맑은 개울을 찾아가서 목욕을 하고, 특히 동쪽으로 흐르는 물에 머리를 감았어요. 동쪽은 청이요, 양기가 가장 왕성한 곳이라 여름에 더위를 먹지 않는다고 믿었대요. 한편 유두 무렵은 새로운 과일이 나고 곡식이 여물어 가는 시기이기도 했어요. 조상과 농신에게 햇과일과 정갈한 음식을 차려 제를 지냄으로써 안녕과 풍년을 기원하기도 했대요.

삼복

삼복은 일 년 중 가장 더운 기간으로 요즘에도 '삼복더위'라는 표현을 들어 보았을 거예요. 조선 시대 궁중에서는 더위를 이겨 내라는 뜻에서 높은 벼슬아치들은 관의 장빙고에 가서 얼음을 타 가게 했대요. 복중에는 더위를 피하기 위하여 아이들과 부녀자들은 여름 과일을 즐기고, 어른들은 술과 음식을 마련하여 산간 계곡으로 들어가 발을 적시며 하루를 즐겼지요. 해안 지방에서는 바닷가 백사장에서 모래찜질을 하면서 더위를 이겨 내기도 했어요. 이때 먹었던 음식이 삼계탕이에요. 이 외에도 팥죽을 쑤어 먹으면 더위를 먹지 않고 질병에도 걸리지 않는다고 하여 초복에서 말복까지 먹는 풍속이 있었어요.

얼음을 보관하던 석빙고

칠석

이날은 일 년 동안 서로 떨어져 있던 견우와 직녀가 만나는 날이에요. 하늘나라 목동인 견우와 옥황상제의 손녀인 직녀가 결혼했는데, 그들이 결혼하고도 놀고먹으며 게으름을 피우자 옥황상제는 크게 노하여 견우는 은하수 동쪽에, 직녀는 은하수 서쪽에 떨어져 살게 하였지요. 이러한 견우와 직녀의 안타까운 사연을 전해 들은 까마귀와 까치 들은 해마다 칠석날에 이들을 만나게 해 주기 위하여 하늘로 올라가 다리를 놓아 주었는데, 이게 바로 '오작교'예요. 견우와 직녀는 칠석날이 되면 이 오작교를 건너 만난 뒤 또다시 일 년을 헤어져 있었다고 해요.

칠석날의 가장 대표적인 풍속으로는 여자들이 길쌈을 더 잘할 수 있도록 직녀성에게 비는 것이에요. 이날 새벽에 부녀자들은 참외, 오이 등을 상 위에 놓고 절을 하며 길쌈질이 늘기를 빌었지요. 장독대 위에 정화수를 떠 놓은 다음, 그 위에 고운 재를 평평하게 담은 쟁반을 올려놓고 바느질 재주가 있게 해 달라고 빌기도 했대요.

백중

농촌의 7월은 바쁜 농번기를 보낸 뒤이면서 한편으로는 가을 추수를 앞둔 달이어서 잠시 허리를 펼 수 있는 시기였어요. 이 시기에 '백중'이라는 속절(俗節)을 두어 농사일을 멈추고, 천신 의례 및 잔치와 놀이판을 벌여 노동의 지루함을 달래고 더위로 인해 쇠약해지는 건강을 회복하고자 했지요. 백중에는 여러 풍속이 전해져요. 각 가정에서는 익은 과일을 따서 사당에 제사를 올렸으며, 궁중에서는 종묘에 이른 벼를 베어 천신을 올리기도 하였지요.

농가에서는 백중날 머슴들과 일꾼들에게 돈과 휴가를 주어 즐겁게 놀도록 했대요. 마을 어른들은 머슴이 노총각이나 홀아비면 마땅한 처녀나 과부를 골라 장가를 들여 주고 살림도 장만해 주었다고 해요.

토론왕 되기!

사라져 가는 전통 놀이, 어떻게 이어 갈 수 있을까?

우리가 학교에서 배우는 교과 과목들은 살아가는 데 필요한 지식들이지만 실생활에서 적용하기 어려운 것들도 있어요. 역사나 전통처럼 현재 우리가 몰라도 아무런 지장이 없는 분야일 때는 더 그렇지요. 다음은 대화를 보고 여러분의 생각은 어떤지 정리해 보세요.

이모, 고누나 낫치기 같은 건 재미있는 놀이가 될 수도 있다고 생각해요. 그런데 감자 굽기나 밀살이 같은 것들이 놀이라고 할 수 있어요?

간식 먹는 건 놀이가 아닐 것 같니?

놀이라는 건 몸을 움직이면서 하는 거 아녜요? 재미도 있어야 하고요.

옛날 놀이들은 마치 운동처럼 몸을 움직이다 보니, 한창 자라는 나이에는 배가 고팠을 거야. 이때 잘 마른 나뭇잎이나 나뭇가지에 불을 피우고 거기에 감자나 밀살이를 구워 먹는 건 놀이와 간식을 모두 겸한 게 아닐까?

그런데 그런 건 별로 맛이 없을 것 같아요.

요즘은 먹을 것이 넘쳐서 그 즐거움을 잘 모르지만 옛날엔 그것도 귀했단다. 우리나라는 계절마다 산과 들에 나물과 과일, 채소들이 넘쳐서 자연이 주는 음식을 계절 놀이랑 결합시켰던 거야.

이모! 좋은 생각이 있어요.
보통 게임이 재미있는 건 미션을 끝내면 뿌듯함을 느끼고
다음 게임 진행이 그만큼 쉬워지기 때문이잖아요?
이런 법칙을 적용해서 놀이를 조금 발전시키면 어떨까요?

좋은 생각이야.
전통적인 놀이들도 시대를 반영해서 계속 발전해 왔어.
레띠시아 네가 어떻게 하면 이런 놀이를 현대에도
즐거운 마음으로 이어 갈 수 있을지 한번 생각해 보렴.

실제로 윷놀이, 칠교, 오목, 장기 등의 놀이를 온라인으로도 즐길 수 있어요. 여러분 생각엔 또 어떤 놀이를 현대적으로 변형해서 즐길 수 있을 것 같나요?

칠교놀이

칠교놀이는 직각 삼각형 큰 것 둘, 중간 것 하나, 작은 것 둘과 정사각형과 평행 사변형 각 하나를 마음대로 맞추어 동물, 식물, 건축물, 글자 등 여러 가지 모양을 만들어 볼 수 있는 놀이예요. 다음 그림 중에서 만들 수 없는 것은 무엇일까요? 칠교로 직접 만들어서 확인해 보세요.

① 하트

② 집

③ 로켓

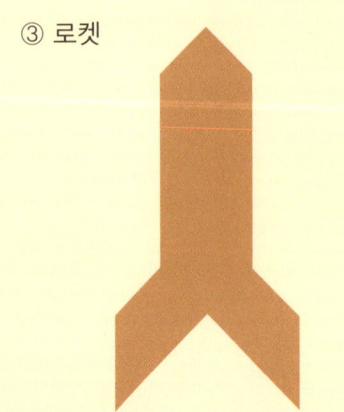

④ 토끼

 야, 추석이다!

 엊그제까지 뜨겁던 날씨가 언제 그랬느냐는 듯 아침저녁으로 선선한 바람이 불어왔어요. 가을이 왔나 봐요. 이즈음, 하늘은 높고 말은 살찐다고 하여 우리나라에서는 가을을 천고마비天高馬肥의 계절이라고 불렀어요. 곧 추석이 다가온다는 뜻이기도 했지요.

 수업이 끝나는 종이 울렸어요. 아이들은 모두들 추석에 할머니, 할아버지한테 가려는 계획으로 들떠 있었어요. 레띠시아와 환희가 교문을 나서자 경진이와 수아가 기다리고 있었어요.

 "환희야, 우리 외가에서 강강술래 행사 연대. 레띠시아, 너도 같이 갈 거지?"

"그건 잘 몰라. 어쨌든 어른들께 허락을 받아야겠지?"

레띠시아는 말로만 듣던 강강술래 행사에 꼭 가고 싶었지만 환희 말대로 마음대로 결정할 수는 없었지요. 어른들 사이에도 피치 못할 사정은 있는 거니까요.

지난 일요일 레띠시아와 환희네 가족은 환희네 선산으로 가 제초 작업을 했어요. 차례를 지내기 위해서 여름내 자란 잡초를 뽑는 일이었지요. 밤톨만 한 청개구리, 다람쥐 들도 뛰어다니며 열심히 동면 준비를 했어요. 그래서인지 선산은 무덤이 가득한데도 생동감이 넘치는 곳처럼 보였어요. 그날 레띠시아와 환희는 송편을 찔 때 떡시루 밑에 깔아 둘 솔잎을 따왔어요.

넓은 식탁 위로 씻어서 체에 받쳐 놓은 솔잎에서 알싸한 향기가 솔솔 풍겼어요.

"우리 이제부터 송편 빚기 대회를 하자. 제일 예쁘게 빚는 사람한테 상 주기!"

"와! 엄마, 무슨 상 주실 거예요?"

"비밀!"

이제 동생도 생겼으니 레띠시아는 한국 요리 하는 법을 배워서 프랑스로 돌아가면 실력을 발휘하기로 마음먹었어요. 이모가 반죽을 할 때부터 레띠시아의 노트에는 송편 빚는 법이 순서대로 깨알같이 자리를 잡았답니다.

　시루에서 칙칙 기관차 소리를 내면서 송편이 익어 갑니다.

　레띠시아는 갓 쪄낸 송편을 입에 넣었어요.

　어쩌면 이렇게 달콤하고 쫀득할 수 있을까요. 고소하기도 하고 부드럽기도 했어요. 솔잎 향도 솔솔 풍겼고요. 이렇게 맛있는 떡은 처음 먹어 보는 것 같았지요.

　"자, 이제 토란국을 끓일 차례지?"

　토란은 밤이나 감자, 고구마 같은 맛이 나는 영양가 높은 땅속줄기 채소예요. 탄수화물, 단백질뿐만 아니라 비타민 C도 풍부하지요.

"토란국에는 양지머리^{소의 가슴에 붙은 뼈와 살} 육수가 최고야. 하지만 양지머리는 오래 삶지 않으면 고기가 질겨서 오히려 맛이 없단다. 조리할 시간이 부족하다면 국거리용으로 사서 끓이는 게 좋아."

이모가 고기 핏물을 빼는 동안 레띠시아가 바가지에 담긴 토란을 싱크대로 가져가서 물을 담았어요. 이모가 깜짝 놀라 레띠시아의 팔을 잡았어요.

"토란에는 독이 있어. 맨손으로 씻으면 손이 가렵고 발갛게 부어오르

 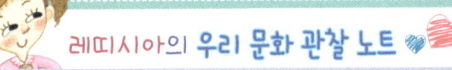

추석 송편 만드는 법

❶ 송편은 뜨거운 물에 익반죽해요.
❷ 반죽이 끝나면 적당한 크기로 떼어 동그랗게 만들고 설탕을 넣은 깨, 완두나 동부콩, 밤 등을 넣어 갸름하게 빚어 냅니다.
❸ 떡시루 바닥에 삼베 천을 깐 다음 솔잎을 깔고 그 위에 빚은 떡들을 서로 붙지 않게 늘어놓아요.
❹ 시루 위(뚜껑)를 덮어 이어진 부분을 반죽 등으로 꼼꼼히 붙여 막은 다음 쪄 냅니다. 이런 과정이 번거롭다면 그냥 찜솥에 솔잎을 깔고 서로 붙지 않게 쪄 내면 된답니다.

단다. 고무장갑을 낀 채로 굵은 소금을 넣어서 박박 문질러 씻어야 해."

이모가 가르쳐 준 대로 레띠시아는 장갑을 끼고 토란을 깨끗이 씻었어요. 표면이 미끈미끈한 것이 꼭 미역을 씻는 느낌이에요. 환희가 외쳤어요.

"난 빈대떡 다 부쳤다!"

손이 많이 간다고 이모가 이번 추석에는 생략하자고 했지만 환희는

 레띠시아의 **우리 문화 관찰 노트**

빈대떡은 어떻게 만들까?

❶ 녹두를 불려 껍질을 까고 물을 조금 부어 맷돌이나 믹서에 갈아요.
❷ 갈아 놓은 녹두에 다진 김치와 도라지, 고사리, 숙주나물, 돼지고기 간 것 등을 넣고 잘 섞어요. 녹두 간 물을 가라앉혀서 윗물을 따라 버리는 게 전통적인 요리 방법이지만 너무 시간이 많이 걸려요. 이럴 때는 밀가루나 녹말을 조금 넣어 섞으면 전이 잘 부쳐진답니다.
❸ 치자 우려낸 물을 넣어 노랗게 물들이면 더 먹음직스러워 보인답니다.
❹ 기름을 넉넉히 두르고 바삭바삭해질 때까지 지져 냅니다.

워낙 빈대떡을 좋아하기 때문에 자기가 다 하겠다고 우겨서 빈대떡도 준비하게 되었어요. 레띠시아도 빈대떡을 좋아하지만 만드는 법이 복잡해서 엄두도 내지 못했지요.

"걱정 마. 빈대떡 만드는 법은 내가 정리해 줄게."

환희가 식탁에 앉아 열심히 빈대떡 만드는 법을 적어 주었어요.

레띠시아는 환희가 구운 빈대떡을 한입 먹어 보았어요. 프랑스에서 자주 먹던 크레이프와는 조금 비교하기가 어려웠답니다. 프랑스 요리들은 간식 같은 느낌이었는데 한국 요리들은 조금만 먹어도 배가 불렀어요. 짭짜름하면서도 고소한 맛도 일품이었지요.

강강술래 하러 가자!

경진이 엄마는 추석이면 고향인 해남으로 가는데요, 이번 추석에는 강강술래 놀이를 크게 한대요.

"이모, 이순신 장군이 강강술래 놀이를 만들어서 왜군을 물리쳤다는 게 사실이에요?"

"해남 우수영에 진을 친 이순신 장군이 아녀자들에게 남자 옷을 입히고 해남의 옥매산 허리를 빙빙 돌게 했대. 왜군들은 그 사람들이 모두 행군하는 군사들이라고 생각했다지? 하지만 이순신 장군이 만들었다기보다 달밤에 하던 놀이를 활용해서 군사 전략을 짰다는 주장이 있어. 내 생각에도 그게 맞는 것 같고."

"여자랑 남자도 구분을 못 하다니. 바보 같아요."

환희가 묻자 이모가 후후 웃었어요.

"캄캄한 밤에, 낯선 나라 산허리에서 걸어가는 사람이 남자인지 여자인지 구분하기는 어려웠겠지? 게다가 창이나 활 같은 것을 들어서 병사로 위장했을 테니까."

해남은 땅끝이라더니 정말 가도 가도 끝이 없는 것 같았어요. 환희와 레띠시아는 어느새 잠이 들어 버렸어요.

"얘들아, 일어나. 거의 다 왔다."

경진이네 외가에 도착하자 동네 사람들이 모두 한복을 입고 하나둘 놀이 장소로 가는 모습이 보였어요. 한복으로 갈아입기가 무섭게 경진이와 레띠시아, 수아와 환희는 동네 사람들을 뒤따라 달리기 시작했어요. 경진이가 손잡는 법을 가르쳐 주었어요. 앞사람이 왼손을 뒤로 내밀면 오른손을 앞으로 내밀어 깍지를 끼고, 왼손은 또 뒷사람이 오른손으로 깍지를 껴야 했어요. 동영상으로 봤을 때는 그냥 손에 손을 잡고 뛰는 줄만 알았는데 실제로 참여해 보니 강강술래 놀이가 그렇게 단순하지 않다는 것을 알게 되었답니다.

커다란 원이 만들어지자 동네에서 노래 잘하기로 소문난 할머니가 아주 천천히 메기는 소리를 시작했어요.

"강, 가아앙 수우워얼래에, 가앙 가아아앙 수우워어어얼래!"

"전라도 우수영은."

"강강술래."

"우리 장군 대첩지라."

"강강술래."

"달 떠온다, 달 떠온다!"

"강강술래."

"동해동천 달 떠온다."

"강강술래."

누군가 메기는 소리를 하면 모두 다 "강강술래"로 받는 소리를 했어요. 처음에 천천히 부르던 노래는 점점 빨라지면서 사람들도 잰걸음을 하기 시작했지요. 그러다 익숙하지 않은 다른 놀이로 이어졌어요. 환희가 레띠시아의 손을 꼭 잡더니 갑자기 원 안으로 뛰어 들어가는 거예요. 사람들이 두 사람 주위를 빙글빙글 돌면서 노래했어요.

"남생아, 놀아라, 쫄래 쫄래가 잘 논다

어화색이 허수아비 저색이

곡우남생 겨울잠을 자고 곡우 때 나온 남생이 놀아라

4장 가을이 제일 좋아!

익사 적사 소사리_{아지랑이}가 내론다_{내린다}

청주_{증류주} 뜨자 아랑주_{술지게미로 뜬 독한 소주} 뜨자

철나무초야_{땔감용 풀} 내 젓가락

나무 접시 구갱_{고갱이는 나무나 풀, 배추 등의 심지가 되는 맨 속의 단단한 부분} 캥"

  사람들은 환희와 레띠시아 주변을 돌면서 점점 빠르게 노래를 불렀어요. 레띠시아는 너무 빨라 도저히 따라 할 수가 없어 사람들 사이로

레띠시아의 우리 문화 관찰 노트

강강술래는 어떤 놀이일까?

원래 강강술래 구성원들은 젊은 남녀예요. 유년 시절부터 어린 친구들끼리 새끼 강강술래를 하다 열다섯 살이 되면 술래 판에 참여하고, 결혼하면 졸업했대요. 강강술래 판에서 여러 마을의 총각과 처녀들이 자유롭게 교제할 수 있어서 관심 있는 이성을 찾거나 멋진 사람을 만나기 위해 술래 판으로 모여들었지요.

전라도 내륙 지대나 양반 마을에서는 미혼 여성들만으로 강강술래를 했고, 장흥 방촌에서는 여성들만 강강술래를 하기도 했어요. 8월 추석에는 '중로 보기 강강술래'를 하는데, 혼인을 중매하듯 사전에 양쪽 마을 형편을 잘 아는 사람이 중로보기 중매를 서면, 추석 보름밤에 초청 받은 마을로 가서 강강술래 판을 벌이고 그 답례로 9월 9일에 상대편 마을 처녀들을 초청하는 방식이었어요. 한마디로 강강술래는 모든 젊은 여자들이 모여들어 신명 나게 노는 여자들의 술래 잔치였답니다.

다시 들어갔어요. 이번에는 경진이와 수아가 원 안으로 뛰어 들어갔어요. 이렇게 강강술래를 도는 동안 멍석말이, 청어 엮기 등 예전에는 미처 몰랐던 많은 놀이를 하게 되었답니다.

밤 늦게까지 놀다 보니 어느덧 기울었던 북두칠성이 다시 조금씩 위로 떠올랐어요. 사람들도 하나둘 집으로 돌아가기 시작했어요.

이 많은 놀이를 어떻게 기억하나 걱정하고 있는데, 집에 돌아오자 이모는 해남에서 강강술래 할 때 함께 즐겼던 놀이들을 보기 쉽게 정리해 주었답니다.

김장하는 날

찬바람이 불기 시작했어요. 뉴스에서는 평소보다 서리가 일찍 내려 배추밭이 얼었다고 걱정했어요. 레띠시아는 텔레비전을 통해서 많은 사람들이 광장 같은 데서 김치 담그는 행사를 벌이는 모습을 본 적이 있어서 이모에게 물었어요.

"원래 김치는 저렇게 큰 행사로 치르는 거예요?"

"원래 김장은 동네 사람들 몇몇이 모여서 담그는 마을 품앗이 행사였단다. 옛날 음력 10월은 추수가 끝나 먹을 것이 풍부하고 날씨도 맑고

4장 가을이 제일 좋아!

차가워서 제사 지내기에 좋은 달이라는 의미로 상(上)달이라고 불렀지. 우리 단군 신화랑 관계 있는 개천절도 바로 이즈음이고."

레띠시아도 단군 신화는 책으로 읽어서 알고 있었어요.

"옛날에는 겨울에 무기질과 비타민을 공급해 줄 김장을 담그는 게 국가적으로 중요한 행사였단다. 게다가 김치에는 아주 강력한 유산균까지 들어 있지."

"저도 김치 담그는 법을 배워서 프랑스 친구들한테 한국의 매운맛을 보여 줄래요."

이모가 레띠시아의 뺨을 살짝 꼬집으며 웃었어요.

며칠 후 주말, 환희네 친가 가족이 모두 모여 김장을 담그기로 했어요. 환희네도 지난밤에 생강과 마늘을 잔뜩 까고 쪽파도 잘 다듬어 두었지요. 준비된 재료를 가지고 북한산 계곡에 들어서자 차가운 바람이 휘몰아쳤어요. 산자락이라 서울 평지보다 더 추운 모양이에요. 작은 징검다리 너머 바쁘게 움직이는 사람들이 보였어요. 환희네 할아버지와 큰아버지가 배추를 씻어서 커다란 평상 위에 얹고 있었어요.

"형님, 제가 속에 넣을 양념은 모두 가져왔어요."

이모가 말하자 환희네 큰어머니와 고모가 반겼어요.

"그럼 어서들 올라가서 속에 넣을 양념을 버무리자꾸나."

환준 오빠가 얼른 다가와 이모가 잔뜩 마련한 양념 자루를 받아 가지

고 계단을 올라갔어요.

넓은 거실 바닥에는 환희네 할머니가 미리 깨끗한 비닐을 깔아 놓았고 칼과 도마가 놓여 있었지요.

"내가 무를 썰어 줄 테니 환준 어미랑 환희 어미가 채 쳐서 함지박에 넣어라."

할머니가 시원스레 써억 썩 소리를 내면서 무를 썰어 놓으면 환희 큰어머니와 이모는 둥글둥글한 무를 쓰러진 도미노처럼 가지런히 포개서 채를 쳤어요.

온 가족이 힘을 모아 김치를 담그니, 100포기가 넘는데도 어렵지 않게 마무리할 수 있었어요. 힘든 일을 마치고 온 가족이 둘러앉아 저녁을 먹었어요. 갓 담근 김장 김치에 돼지고기로 보쌈을 싸 먹는 맛은 어디에도 비할 수 없었답니다.

김장 김치를 담그는 일은 가족이 하나가 되게 하는 것 같아요. 그래서인지 레띠시아는 가족 생각이 더 간절했어요.

프랑스에 있는 친구들이 레띠시아에게 '정(情)'과 '한(恨)'이 무슨 뜻이냐고 물어본 적이 있어요. 레띠시아는 지난 일 년 동안 집에 돌아가고 싶어도 마음대로 가지 못하고 엄마랑 아빠가 생각날 때마다 참아야 했어요. 울고 싶어도 억누르고 참아야 했던 기억도 있고요. 참고 또 참다 보면 가슴이 뻐근하고 답답한 날이 많았어요.

역사적으로 전쟁을 많이 겪었던 한국인들은 가족이 뿔뿔이 헤어져야 하는 불행을 많이 겪었다고 해요. 레띠시아는 연말이면 돌아갈 수 있지만 헤어진 가족을 언제 만날지 알 수 없는 사람들의 마음은 어땠을까요? 슬프기는 하지만 해결책이 없어 견뎌야만 하는 아픈 마음, 레띠시아는 그것이 한(恨)이라고 생각했어요. 또, 그런 레띠시아의 마음을 풀어 주려고 따뜻한 차 한 잔을 가져오는 환희, 레띠시아를 위해 작은 초콜릿이라도 사 들고 와서 살짝 침대머리에 놓고 가는 이모를 통해 정(情)이라는 말도 가슴으로 이해하게 되었답니다.

추석에는 뭘 하고 놀까?

소놀이

추석날 차례를 마치고 난 뒤에는 소놀이를 해요. 먼저 마을 사람들로 구성된 농악대가 풍물을 울리면 마을 사람들이 하나둘 모여들지요. 상쇠의 선도에 따라 한바탕 신나게 풍물을 울리며 어우러져 놀다가 소놀이가 시작돼요. 두 사람이 허리를 굽히고 그 위에 멍석을 뒤집어 씌우며 뒷사람은 큰 새끼줄로 꼬리를 달고, 앞사람은 막대기 두 개로 뿔을 만들어 소 시늉을 하지요. 그런 다음 마을에서 가장 부농집이나 그해에 농사를 가장 잘 지은 사람의 집으로 찾아가요. 앞마당으로 들어가 농악을 치고 노래하고 춤추고 놀면 주인집에서는 술과 떡과 찬을 차려 대접하지요. 이렇게 여러 집을 찾아가 해가 질 때까지 어울려 논답니다.

반보기

추석이 지난 다음 서로 만나고 싶은 사람들끼리 일자와 장소를 미리 정하고 만나는 것을 반보기라 해요. 옛날에 시집간 여자들은 마음대로 친정 나들이를 할 수가 없었어요. 그래서 모녀 사이에 중간 지점을 정한 뒤 서로 즐기는 음식을 장만하여 만나 한나절 동안 이야기를 나누었지요. 회포를 다 풀지 못하고 반만 풀었다는 데서 반보기라는 말이 나왔어요.

원놀이·가마싸움

원놀이란 학동들 중에서 공부를 많이 했고 재치 있는 사람을 원님으로 선발하고 나머지 학동들은 백성이 되어 원님께 소장을 내어 그 판결을 받는 놀이예요. 오늘날의 대학에서 행해지는 모의재판과 비슷하지요.

가마싸움도 학동들이 주가 되어 행해졌어요. 훈장이 없는 틈을 타서 가마를 만들어 이웃 마을 학동들과 또는 이웃 서당의 학동들끼리 대결을 하는 놀이였지요. 가마를 끌고 넓은 마당에 나아가 달음질한 뒤 가마끼리 부딪혀 부서지는 편이 지게 되는데, 이긴 편에서는 그해에 과거를 급제한다는 믿음이 있었답니다.

밭고랑 기기

전라남도 진도에서는 8월 14일 저녁에 아이들이 밭에 가서 발가벗고 자기 연령 수대로 밭고랑을 기었어요. 이때에 음식을 마련해서 밭둑에 놓아두기도 했지요. 이렇게 하면 그 아이는 몸에 부스럼이 나지 않고 밭농사도 잘된다고 믿었답니다.

유네스코 무형 유산으로 등재된, 김장 문화에 담긴 나눔의 의미

2013년 우리나라의 김장 문화가 '김장, 한국의 김치를 담그고 나누는 문화'라는 이름으로 유네스코 인류 무형 유산에 올랐습니다. 심사 보조 기구는 "한국인의 일상생활에서 여러 세대를 거쳐 내려온 김장은 이웃 간 나눔의 정신을 실천하며 연대감과 정체성을 높일 수 있게 했다."라고 이유를 밝혔어요. 이로써 한국의 '김장 문화'는 전 세계 사람들이 함께 보호하고 전하는 문화유산이 되었습니다.

예로부터 우리나라 사람들은 겨울을 앞두고 많은 양의 김치를 한꺼번에 담그는 김장을 했어요. 김장은 집안의 모든 식구들은 물론 이웃집 사람들도 와서 함께하는 정겨운 풍습이며, 해마다 하는 행사였지요. 봄에는 좋은 소금과 잘 마른 마늘, 여름에는 고춧가루, 가을에는 생멸치를 걸러 액젓 만들기, 배추나 무 같은 채소 기르기 등 계절 내내 준비할 것이 많았어요. 김장 직전에는 굴과 생새우도 필요했고요. 이처럼 김장 준비에도 오랜 시간과 정성이 들어갔어요.

김장의 시작은 늦가을 배추를 거두어 반으로 갈라 소금에 절이는 것입니다. 한 열 시간 정도 되면 배추를 물에 씻어 두지요. 다음으로 중요한 것은 배추 속에 들어 가는 갖은 양념입니다. 여기에는 고춧가루·마늘·파·굴·미나리·젓갈 등이 사용되는데 지방에 따라 명태, 쇠고기 국물, 찹쌀 풀을 넣기도 해요. 이 양념에 무채를 함께 버무려 배춧잎 사이사이에 넣고 배추의 겉잎으로 싸지요.

김장의 주된 재료는 배추지만 무, 오이, 박, 파 등 다양한 재료를 이용해 수십 가지 김장을 할 수 있어요. 또한 각 지역마다 풍습, 기호, 재료, 양념, 담그는 때, 맛도 다 달라요. 보통 추운 북쪽 지방에서는 싱겁고 담백하게, 따뜻한 남쪽 지방에서는 간이 세고 양념이 진해요. 젓갈도 북부 지방과 중부 지방에서는 새우젓이나 조기젓을, 남부 지방은 멸치젓을 사용합니다.

이렇듯 김장을 담그는 방법이나 맛은 지역마다 차이가 있지만, 이웃끼리 서로 돕고 즐기는 김장 날은 잔칫날과 같았습니다. 배추의 노란 속잎과 양념에 삶은 돼지고기를 싸 먹는 '속대쌈'을 함께 먹고, 형편이 어려운 사람들에게 김장한 것을 나누어 주기도 했지요. 이렇듯 김장에는 이웃과 소통하고 정을 나누며 서로 돕는 공동체 정신이 담겨 있답니다.

토론왕 되기!

김치, 사 먹는 게 나을까? 담가 먹어야 할까?

집에서 담그는 김치를 좋아하는 환희는 매번 인터넷에서 주문을 하거나 쉬는 날이면 할머니 댁에 가서 김치를 받아 오는 엄마를 보면서 이제는 김치를 담그는 전통이 사라질까 봐 걱정이 됐어요. 그래서 엄마에게 속마음을 털어놓았지요.

 엄마, 엄마는 왜 김치를 직접 담그지 않으세요?

요즘은 사다 먹는 게 더 싸. 또 김치를 담글 시간에 내가 더 잘하는 다른 일을 하면 더 경제적이지. 이걸 분업이라고 한단다.

 내 친구 엄마들도 김치를 거의 안 담근대요. 다들 사 먹거나 할머니께서 대신 담가 주시죠. 그러다가 나중에 김치를 담글 줄 아는 사람은 요리사들밖에 없을까 봐 걱정이에요.

그러면 사 먹으면 되지, 뭐. 네 시대에는 더 다양한 김치가 생산될 테니 걱정 마.

 하지만 집집마다 고유의 음식 맛이 있잖아요. 파는 음식은 맛이 다 똑같아요.

입맛에 맞는 김치를 골라 먹으면 되지 않을까?

김치도 인스턴트 식품으로 개발되면, 방부제처럼 유해한 첨가물이 들어가지 않을까요?

그럴 수도 있겠지.

 게다가 모두 다 파는 김치에 의존해야 하니까 점점 더 비싸질지 몰라요.

거기까지는 생각 안 해 봤는데, 우리 딸 제법이네.

 혹시 할머니께서 편찮으시거나 더 연세가 많아지신 후에 힘들어서 더 이상 김치를 못 담그시면 엄마는 어떻게 하실 거예요?

나 혼자라면 그냥 사 먹는 게 편하고 재료비도 덜 든다고 생각해.

 나중에 김치가 너무 비싸져서 고급 음식이 될까 봐 걱정이에요. 우리 고유의 전통문화도 사라져 버리는 게 아쉽고요.

외국 사람들은 김치를 일본 음식이라고 알고 있기도 하고, 우리 문화인지도 잘 몰라요. 환희의 걱정대로 집집마다 김치 담그는 법을 잊게 된다면 어떻게 될까요? 김치는 단순한 음식이 아니라 우리 고유의 문화로서 계승해야 하지 않을까요?

가로세로 낱말 카드

다음 칸에는 우리 전통문화와 세시 풍속에 대한 낱말들이 숨어 있어요.
가로, 세로, 대각선 등으로 살펴보면서 단어를 찾아보세요. (총 11개)

정답: 삼계탕, 닭싸움, 씨름, 제기차기, 그네뛰기, 고누놀이, 강강술래, 쥐불놀이, 윷놀이

이별 선물

김장을 담그자마자 기다렸다는 듯이 찬바람이 불고 한파가 닥쳤어요. 레띠시아는 오들오들 떨고 있는 거리의 가로수 잎새들을 바라보았어요. 드디어 겨울이 시작되려나 봐요.

레띠시아는 지난해, 엄마 아빠와 함께 크리스마스를 보내고 12월 말에 한국에 들어왔지요. 서양에서 크리스마스는 아주 중요한 날이라 유럽은 이때부터 새해까지 쭉 쉰답니다. 가족이 함께 보내는 명절 같은 날들이지요. 레띠시아도 12월 중에 프랑스로 돌아가기로 했어요.

"레띠시아. 아쉽구나. 학교 수업이 좀 적었더라면 더 많은 경험을 쌓았을 텐데……."

"공부를 열심히 한 것도 좋은 경험이었어요. 아이들하고 같이 뛰놀고, 급식 시간에 함께 밥 먹는 것도 즐거웠고요."

 레띠시아가 돌아간다니까 환희는 의기소침해져서 학교 가는 길에도 내내 말이 없었어요.

 점심시간이었어요. 갑자기 교실 뒷문이 벌컥 열리더니 경진이와 수아가 고개를 들이밀었어요.

 "레띠시아. 너 집에 가? 왜 벌써 가? 이제 국어도 잘하고 수학도 잘하게 되었는데?"

코끝이 찡해지는 게 더 말하면 울음이 터질 것 같았어요. 그때 환희가 입을 열었어요.

"곧 크리스마스잖아. 서양에서는 가장 큰 명절 중 하나지."

아이들이 모두 실망한 빛을 보였어요.

"너 내가 한국말처럼 프랑스 말 잘할 때까지 가르쳐 준다며? 그 약속 지킬 거지?"

"다꼬르! 물론이야!"

아이들이 모두 "다꼬르!" 하고 레띠시아를 따라 했어요.

그러다 경진이가 고개를 갸웃거리며 말했어요.

"근데 네 이름 너무 길고 발음하기 어려워. 처음에 맨날 헷갈렸어."

아이들이 고개를 끄덕였어요.

"그러고 보니 우리 아직 레띠시아한테 한국 이름도 안 지어 줬잖아."

"우린 이름을 지을 때 좋은 뜻을 가진 글자들을 골라서 조합하는데, 레띠시아는 무슨 뜻이야?"

조용히 듣고 있던 환희가 대신 대답했어요.

"레띠시아도 내 이름처럼 환희를 뜻해. 라틴어로 아주 큰 기쁨."

수아가 말했어요.

"둘이 자매니까 똑같이 환희라고 할 수는 없고! 기쁨 어때? 기쁨이!"

레띠시아는 기쁨이라는 이름이 무척 마음에 들었어요.

환희는 수업이 끝난 후 레띠시아를 먼저 보내고 레띠시아에게 무슨 선물을 줄지 반 친구들과 이야기를 나누었어요.

"물건보다도 우리 우정을 기억하도록 하는 선물이 좋지 않을까?"

'우정'을 뜻하는 것들을 찾아보니 토파즈라는 보석이 있었지요. 하지만 우리나라 문화가 아니어서 선물하기에는 적절하지 않아 보였어요.

"도장은 어때? 원래 귀한 사람에게는 옥으로 도장 새겨 주잖아. 예쁜 것으로 골라서 도장을 새겨 주자."

"그거 좋은 생각인데? '기쁨'이라는 예쁜 이름을 얻었으니 도장을 새기는 게 여러모로 의미 있는 것 같아."

그 길로 친구들은 종로에 있는 인사동으로 가서 옥으로 '기쁨 뱅상 Vincent'이라고 새겼어요. 뱅상은 레띠시아의 성이었답니다.

 ## 프랑스를 향해서

드디어 레띠시아가 프랑스로 떠나는 날이 되었어요. 경진이와 수아, 그리고 같은 반이었던 아이들 몇몇이 공항까지 따라와 주었어요. 레띠시아는 배웅하러 와 준 친구들에게 프랑스식으로 볼 뽀뽀를 해 주었어요. 수아가 친구들을 대표해서 한국 전통 매듭으로 장식한 작은 상자를 내밀었어요.

"우리가 작은 선물을 준비했어. 너도 좋아해 주면 좋겠는데……."

레띠시아는 풀어 볼까 잠시 망설이다가 비행기를 타고 가는 동안 천천히 친구들의 마음을 느끼려고 그대로 가방에 넣었어요.

"고마워. 난 아무런 선물도 준비하지 못했는데……."

"네가 한 해 동안 우리와 함께 지낸 추억이 가장 큰 선물이라고 생각해. 우리 잊지 마."

환희의 코가 점점 빨간색으로 물들었어요. 속상하거나 슬픈 걸 참고 있다는 증거예요.

"올 여름 방학에는 우리가 파리로 갈게."

이모가 말했어요.

"이모, 저 이제 비행기에 탑승할게요. 자, 친구들아, 안녕! 그동안 너무 즐거웠어. 그리고 잘해 주어서 정말 고마워. 다음엔 너희들을 프랑스로 초대할게."

눈물이 날 것 같아서 레띠시아는 얼른 돌아서서 입국장으로 뛰어갔어요. 입국 절차를 마치고 문으로 들어가기 전에 돌아보니 이모와 환희 그리고 친구들 몇몇이 계속 손을 흔들고 있었어요. 친구들은 모두 입에 손나팔을 만들어 외쳤어요.

"곧 다시 와. 기다릴게, 레띠시아! 기쁨아!"

"사랑해. 안녕!"

손 흔드는 이모와 환희, 친구들을 뒤로 하고 레띠시아는 긴 복도를 지나 버스를 타고 가 비행기 트랩에 올랐어요.

짐을 놓고 레띠시아는 친구들이 준 선물을 풀었어요. 조그만 도장 지갑과 유리병에 밀봉된 제비꽃이 나왔어요. 레띠시아는 선물 상자 속에 함께 든 강강술래 하는 아이들이 그려진 작은 카드를 펼쳤어요.

"레띠시아 기쁨아. 토파즈, 황옥은 우정을 의미한대. 그래서 황옥에 우리가 지어 준 네 이름, 기쁨이를 새겼어. 다시 만날 날까지 우리에게 너는 영원히 친구를 만난 '기쁨'으로 기억될 거야. 제비꽃 꽃말은 '순진

한 사랑, 나를 생각해 주오.'래. 기쁨이 너도 이 꽃말처럼 우리를 자주 생각해 줘. 안녕!"

 손에 손을 잡고 강강술래하며 밤새 즐겁게 놀던 추억이 떠올랐어요. 프랑스에서는 아무런 의미가 없었던 음력 8월 15일이 되면 이제 레띠시아는 아름다운 추억을 떠올리게 될 거예요. 그리고 그 추억을 생각할 때마다 '기쁨'이 함께하겠죠?

한국, 안녕!

　레띠시아는 비행기를 타고 가야 하는 긴 시간 동안 한국의 명절과 전통, 음식 만드는 방법 등을 적어 둔 노트를 정리하느라 시간 가는 줄 몰랐어요. 그러다가 언제인지 모르게 잠에 빠져들었지요.

　곧 프랑스에 도착한다는 방송 소리가 들려왔어요. 불빛이 반짝이는 샤를드골 국제공항이 빙글빙글 돌며 점점 눈앞으로 다가오고 있었어요. 한국에 도착해서 처음 한두 달은 너무나 집에 가고 싶어서, 깊은 밤 혼자 이불을 뒤집어쓰고 훌쩍이며 울기도 했어요. 하지만 일 년이라는 시간은 레띠시아를 더 강하고 더 마음이 넓은 소녀로 키워 주었답니다.

　공항 입국장 문이 열리자 멀리서 손을 흔들고 있는 엄마와 아빠가 보였어요. 엄마 품에는 조그만 아기가 안겨 있었어요. 레띠시아는 힘껏 달려가 활짝 팔 벌린 아빠 품에 안겼어요. 엄마가 한 손으로 꼬마 앙셀름을 껴안고 다른 한 손으로 레띠시아의 머리를 쓰다듬었어요. 미소 짓고 있는 눈에 눈물이 글썽글썽 맺혀 있었지요.

　하지만 이제 레띠시아는 울보가 아니에요. 눈물이 차올랐지만 울음을 꾸욱 참았지요. 세계 어디에서도 당당하게, 하고 싶은 일은 무엇이든 혼자 해낼 수 있다는 자신감이 붙어서일까요? 사실, 집을 떠날 때는 꼬마 동생 앙셀름 때문에 마치 쫓겨나는 것 같은 기분이었어요. 하지만

엄마 품에서 새근새근 잠들어 있는 앙셀름이 너무 사랑스러웠답니다. 이제 레띠시아는 혼자가 아니에요. 엄마, 아빠에다가 귀여운 동생이 하나 더 생겼기 때문이지요.

　벌써 공항에서는 캐롤이 흘러나오고 있었어요. 레띠시아는 코끝이 찡해졌어요. 크리스마스를 함께 보내자마자 헤어져야 했던 가족이었는데 이제는 어느 때보다도 행복한 크리스마스를 맞게 되었으니까요. 내년에는 앙셀름까지 함께 한국으로 날아가 보다 풍성한 크리스마스를 맞게 되지 않을까요?

겨울을 따뜻하게 나기 위한
우리 조상들의 자랑스러운 슬기

화로

화로는 조리와 난방 및 옷 손질 등에 사용하던 중요한 살림살이 용품으로, 우리 민속에서 의식주 생활 연구에 중요한 유형 문화유산이에요. 이와 함께 불씨를 소중하게 여기던 전통 사회의 관념을 볼 수 있는 자료이기도 하지요.

화로는 본래 화덕에서 비롯된 말로, 선사 시대의 화덕이 변형하고 발전되어 만들어진 것이 바로 전통 화로라고 해요. 선사 시대부터 청동기 시대, 철기 시대까지 쭉 살펴보면 화로의 모형이 조금씩 달라요. 청동기 시대의 화덕은 집 자리 가운데 땅을 오목하게 파고 주위에 어린아이 머리만 한 돌들을 둘러 놓아 방 한끝에 설치되는 첫 단계를 거쳤어요. 한편 화로는 상하 계층과 빈부의 차이 없이, 그리고 장소에 구애받지 않고 어느 곳에서나 두루 쓰이는 살림살이였답니다.

예전에는 불씨가 재운을 좌우한다고 믿는 경우가 많았는데, 집집마다 시어머니가 불씨가 담긴 화로를 며느리에게 대대로 물려주었어요. 조선 시대 아낙네들은 부뚜막에 불을 관장하는 조왕신이 있다고 믿었어요. 그래서 아궁이에 불을 땔 때 나쁜 말과 생각을 하지 않았고, 부뚜막을 발로 밟거나 걸터앉지 않았지요. 그리고 매일 아침, 새로 떠 온 물을 그릇에 담아 부뚜막의 토대 위에 올려놓았답니다.

화로형 토기
자료: 국립 진주 박물관

온돌

온돌은 열원을 이용하여 바닥을 데우고 다시 바닥의 열기로 방 안의 공기를 데우는 대류의 원리를 이용한 난방 방식이에요. 실내에서 신을 벗고 바닥에 앉거나 눕는 좌식 생활 문화를 만든 주요 요인이지요. 중국 북부 지역에도 일부 공간의 바닥을 데워 사용하는 문화가 있지만 방바닥 전면을 데우는 온돌은 우리나라만의 고유한 방식이랍니다.

온돌 내부 구조의 주요 부분은 아궁이와 고래예요. 온돌은 연료가 아궁이에서 타서 부넘기를 통해 열과 연기를 고래로 이끌어 들이는 구조로, 고래로 들어가면서 급경사를 이루어 높아지다가 다시 약간 낮아지는 부넘기가 있지요. 부넘기는 불길을 잘 넘어가게 하고 불을 거꾸로 내뱉지 않도록 하는 역할을 해요. 열과 연기가 지나가는 통로로 여러 가지 종류가 있어요. 불길이 고래에서 굴뚝으로 연결되기 전에 고래보다 깊이 파인 골이 있어 재나 연기를 머무르게 하는데 이를 개자리라고 해요. 여기에 열과 연기가 머물다가 굴뚝으로 빠져나가게 하므로 구들의 온기를 더욱더 오래 간직할 수 있답니다. 온돌은 아궁이에서 장작이나 숯에 불을 붙여 그 열기가 고래를 통과하면서 바닥을 따뜻하게 하는 직접 가열식 난방으로, 취사와 난방이 동시에 가능한 구조예요.

[온돌의 구조]

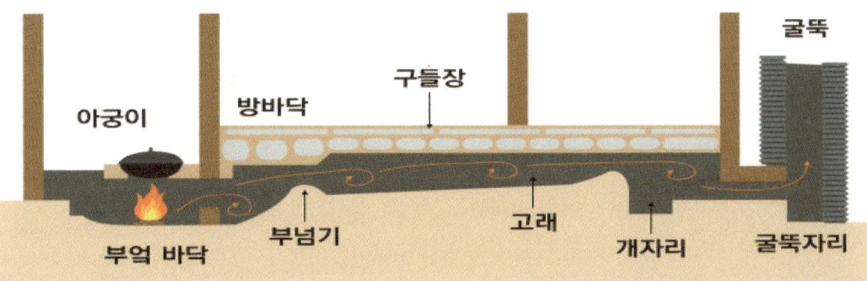

자료: 서울특별시 교육청

토론왕 되기!

전통 놀이를 교과목에 넣을 순 없을까?

요즘 우리는 전통 놀이를 체험하려면 민속촌에 가거나 전문적으로 전통 놀이를 보여 주고 가르치는 단체나 기관을 찾아가야 해요. 현대에는 옛날과 생활 방식이 완전히 달라져서 더 이상 의미를 가지지 않는다고 생각하기 때문이지요.

그러나 우리 전통 놀이를 자세히 훑어보면 단순한 놀이가 아니라 사람의 신체와 두뇌가 발달하는 단계, 그것을 더욱 발전시키는 활동으로 이루어져 있다는 것을 알 수 있어요. 실제로 옛 문헌을 보면, 아이들이 보름에 하는 돌팔매 놀이와 마을과 마을 간의 전쟁놀이는 아이들의 몸과 육체적 기능을 단련하는 역할을 했어요. 실제로 임진왜란 때 평양에서는 동네 어린아이들까지 돌팔매로 왜군에 맞서 싸웠다고 해요. 또 단오에 하는 씨름은 고려에서는 군사 훈련 때 반드시 익혀야 하는 무술로도 인정을 받았지요.

실제로 우리 전통 무술인 택견에 관한 문헌을 보면 제기차기, 닭싸움, 돌팔매, 높은 곳에서 뛰어내리거나 장애물 건너뛰기 등을 아주 어릴 적부터 놀이로 단련해서 자연스럽게 무술 동작과 연결시켰다고 해요. 체육 시간에 우리 전통 놀이와 택견 같은 전통 무예를 필수적으로 넣어 전 국민이 수련하면 어떨까요?

우리 전통을 생활에 활용하기 위한 다양하고 독창적인 방법에는 무엇이 있을까요?

한복이 중국 복식이라고?

최근 중국 텔레비전에 한복이 자주 등장하면서 논란이 되고 있어요. 한 중국 사극 프로그램에서는 한복을 입은 시녀가 나오기도 하고, 예능 프로그램에서는 출연자들이 한복을 입고 아리랑에 맞춰 춤을 추기도 했지요. 한국 사람들이 이에 문제를 제기하자, 중국 사람들은 한복이 중국 명나라에서 유래한 것이라고 주장하기까지 했어요. 중국의 게임 회사가 게임 안에 한복 아이템을 한국의 고유 복장으로 소개하자, 중국의 게임 이용자들은 소수 민족인 중국인 복장이라며 항의를 해서 결국 한복 아이템을 빼 버리기까지 했답니다. 그럼 정말 한복이 중국의 영향을 받은 것일까요?

전문가들 의견에 따르면, 한복은 중국이 아니라 중앙아시아에서 활동하던 유목 민족 스키타이의 영향을 받은 것이라고 해요. 한복의 기본이라고 할 수 있는 바지저고리, 치마저고리와 같은 복장이 이때부터 형성되어 내려온 것이라고 보고 있지요. 이들 스키타이계 복장은 기본적으로 말을 타기 편하도록 상의와 하의가 구분되어 있고, 바지통도 좁은 게 특징이에요. 중국 한족도 바지를 입기는 했지만 바지가 보이지 않을 정도로 긴 겉옷을 착용했지요. 같은 한자 문화권이라 서로 교류를 통해 복식이 영향을 받을 수는 있어요. 실제로 조선 시대의 관복은 중국 명나라의 관복을 참고한 것이기도 하고요. 하지만 일상복에서는 서로 영향을 주고받으면서도 각국의 특징을 살려서 입은 것이 중요한 차이점이랍니다.

여러분 생각은 어떤가요? 중국의 복식과 우리나라의 한복, 그렇게 비슷한가요? 이 문제를 해결하기 위해 우리는 한복 문화를 어떻게 계승하고 발전시킬 수 있을까요?

명칭을 찾아라!

다음은 온돌의 구조를 알기 쉽게 그린 것이에요. 각각의 명칭이 무엇인지, 설명을 참조해서 써 넣어 보세요.

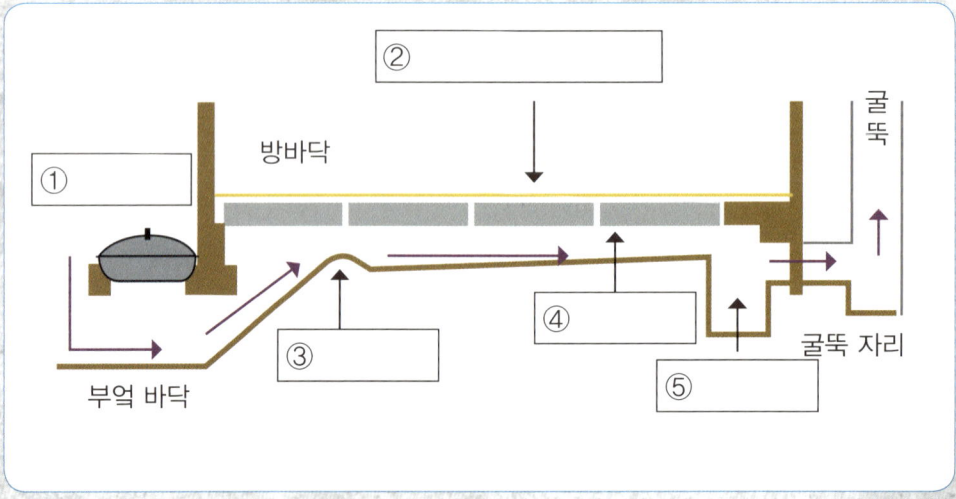

① 방이나 솥 따위에 불을 때기 위하여 만든 구멍이에요.
② 방고래 위에 깔아 방바닥을 만드는 얇고 넓은 돌을 말해요.
③ 방고래가 시작되는 어귀에 조금 높게 쌓아 불길이 아궁이로부터 골고루 방고래로 넘어가게 만든 언덕이에요. 온돌을 빨리 데우고 재를 가라앉히는 턱이 되지요.
④ 방의 구들장 밑으로 나 있는, 불길과 연기가 통하여 나가는 길이에요.
⑤ 불기운을 빨아들이고 연기를 머무르게 하려고 온돌 윗목 밑으로 방고래보다 더 깊이 파 놓은 고랑이에요.

정답: ① 아궁이 ② 구들장 ③ 부넘기 ④ 고래 ⑤ 개자리

> 어려운 용어를 파헤치자!

노리개 여자들이 몸치장으로 한복 저고리의 고름이나 치마허리 등에 다는 물건이에요. 주로 금, 은, 보석 따위에 명주실을 늘어뜨린 것으로, 단작노리개와 삼작노리개가 있어요.

단군 신화 천제(天帝) 환인의 아들 환웅이 태백산 신단수 아래로 무리 3000명을 이끌고 내려와 신시(神市)를 세워 나라를 다스릴 때, 사람이 되기를 원하는 곰과 호랑이에게 쑥과 마늘을 주면서 백 일 동안 햇빛을 보지 말고 동굴 속에서 생활하라고 했어요. 그런데 호랑이는 이 시련을 참지 못하여 나가고 곰은 스무하루를 견뎌 내 웅녀가 되어 환웅과 결혼하여 단군을 낳았지요. 그 단군이 고조선을 세웠다는 내용의 신화예요.

떡메 인절미나 흰떡 따위를 만들기 위하여 찐 쌀을 치는 도구예요. 굵고 짧은 나무토막의 중간에 구멍을 뚫어 긴 자루를 박아서 쓰지요.

떡시루 떡을 찌는 데 쓰는 둥근 질그릇이에요. 둥글넓적하고 아가리가 넓게 벌어져 있고, 바닥에 구멍이 여러 개 뚫려 있어요.

배씨 댕기 배의 씨 모양으로 만든 은 위에 칠보를 올린 것으로, 이것을 가르마 중심에 얹고 가느다란 보조 댕기를 머리카락과 함께 종종머리를 땋아 맵니다. 대개 머리숱이 적은 서너 살 된 어린 여자아이의 머리 꾸미개로 쓰였어요.

산자 찹쌀가루를 반죽하여 납작하게 만들어 말린 것을 기름에 튀기고 꿀을 바른 후 그 앞뒤에 튀긴 밥풀이나 깨를 붙여 만든 유밀과예요. 흰색과 붉은색의 것이 보통이며, 제사상에도 올린답니다.

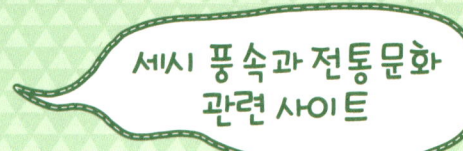
세시 풍속과 전통문화 관련 사이트

한국 민속 대백과 사전 folkency.nfm.go.kr
우리나라의 의식주, 민속 놀이, 음악, 민화, 일생 의례, 설화 등을 체계적으로 정리해 놓은 사이트예요. 궁금한 점을 검색어로 입력하면 관련 내용을 한눈에 찾아볼 수 있답니다.

어린이·청소년 문화재청 kids.cha.go.kr
우리나라의 모든 문화재 관련 내용을 어린이와 청소년이 이해할 수 있도록 정리해 놓은 사이트예요. 국보와 보물을 비롯한 문화재뿐만 아니라 유형 문화재, 무형 문화재, 민속 문화재 등도 정리해 놓았답니다.

국가 문화 유산 포털 www.heritage.go.kr
우리 문화재를 종목별, 지역별 등으로 구분해서 검색한 뒤 내용을 확인할 수 있어요. 궁궐, 종료, 조선 왕릉 등 전국적으로 지정되어 있는 다양한 문화유산을 찾아볼 수 있어요.

강릉 단오제 www.danojefestival.or.kr
강릉 단오제의 역사와 현재, 축제 일시와 내용 등 단옷날의 대표 축제로 자리매김한 강릉 단오제에 대한 모든 것을 한눈에 확인할 수 있어요.

한국 콘텐츠 진흥원 www.culturecontent.com
우리 문화와 관련된 모든 콘텐츠를 주제별, 시대별, 교과서별로 나누어 검색해 볼 수 있도록 한 사이트예요. 이러한 우리 문화의 원형을 토대로 현대에 맞게 다양한 콘텐츠로 확장할 수 있도록 정보를 제공해 주고 있지요.

신나는 토론을 위한 맞춤 가이드

레띠시아와 함께 우리나라의 세시 풍속과 전통 놀이에 대해 많은 걸 알게 되었나요? 이제 마지막 단계인 토론을 잘하려면 올바른 지식과 다양한 정보가 뒷받침되어야 해요. 책을 다 읽고 친구 또는 부모님과 신나게 토론해 봐요!

잠깐! 토론과 토의는 뭐가 다르지?

토론과 토의는 모두 어떤 문제를 해결하기 위해 의견을 나누는 일입니다. 하지만 주제와 형식이 조금씩 달라요. 토의는 여러 사람의 다양한 의견을 한데 모아 협동하는 일이, 토론은 논리적인 근거로 상대방을 설득하는 일이 중요합니다. 토의는 누군가를 설득하거나 이겨야 하는 것이 아니기 때문에 서로 협력해서 생각의 폭을 넓히고 좋은 결정을 내릴 때 필요해요. 반면 토론은 한 문제를 놓고 찬성과 반대로 나뉘어 서로 대립하는 과정을 거치지요. 넓은 의미에서 토론은 토의까지 포함하는 경우가 많습니다. 토론과 토의 모두 논리적으로 생각 체계를 세우고, 사고력과 창의성을 높이는 데 도움을 준답니다.

토론의 올바른 자세

말하는 사람
1. 자신의 말이 잘 전달되도록 또박또박 말해요.
2. 바닥이나 책상을 보지 말고 앞을 보고 말해요.
3. 상대방이 자신의 주장과 달라도 존중해 주어요.
4. 주어진 시간에만 말을 해요.
5. 할 말을 미리 간단히 적어 두면 좋아요.

듣는 사람
1. 상대방에게 집중하면서 어떤 말을 하는지 열심히 들어요.
2. 비스듬히 앉지 말고 단정한 자세를 해요.
3. 상대방이 말하는 중간에 끼어들지 않아요.
4. 다른 사람과 떠들거나 딴짓을 하지 않아요.
5. 상대방의 말을 적으며 자기 생각과 비교해 봐요.

체계적으로 생각하기

김치, 사 먹어도 괜찮을까요?

우리 전통 음식인 김치를 사 먹는 사람들이 많아졌어요. 다음 글을 읽고 김치 산업의 발전에 대해 생각해 보아요.

세계 김치 연구소는 국산 김치의 경쟁력 강화를 위한 김치 생산 자동화의 일환으로 '김치 양념 속 넣기 자동화 장치'를 개발하여 본격 상용화에 나섰다.

김치는 최근 영양학적 우수성이 널리 알려지면서 전 세계인의 관심을 받고 있지만, 국내 김치 산업은 최저 임금 인상, 생산 원가 상승 등 여러 요인으로 이중고를 겪고 있다.

김치의 제조 공정은 절임, 세척, 양념 혼합, 포장 등 많은 인력과 시간이 소요되는 고된 노동의 과정이다. 그중에서도 배춧잎을 한 장씩 벌려서 양념하는 포기김치의 양념 혼합 과정은 가장 많은 인력이 투입되지만, 기계화 자체가 어려워서 김치 생산 자동화에 가장 큰 걸림돌이었다.

이에 세계 김치 연구소는 김치의 양념 혼합 공정을 효율화하기 위해 '김치 양념 속 넣기 자동화 장치'를 개발하여 지난 2017년 김치 제조 업체에 기술 이전하였으며, 이를 김치 공장에 적용해 본격적인 상용화에 성공하였다.

기존에 개발된 양념 혼합 장치의 경우, 단순 버무림 기능에 불과하여 맛김치와 같은 썬 김치에 제한적으로만 사용이 가능했다. 그러나 본 기술은 양념 혼합 장치에서 경사 회전식(SRB, slope rotation blending) 혼합조 내부로 일정한 점도의 양념이 지속적으로 공급되면서 절임 배추에 골고루 혼합될 수 있도록 고안하여 수작업 대비 양념 혼합 완성도가 90% 수준에 달한다.

특히 김치 10t 이상을 생산할 때, 양념 혼합 공정에 필요한 인력이 보통 16명인데 반해 이 장치를 도입하면서 3~4명 수준으로 줄게 됐다. 시간당 김치 생산량으로 보면, 기존 수작업(280㎏) 대비 2500㎏으로 9배 가까이 생산성이 높아진 셈이다.

김치 산업 종사자는 대부분 50~70대로, 고령화에 따른 인력난이 심각한 현 상황에서 이 자동화 기술은 김치 산업의 인력난을 해소하는 데 도움이 되는 것은 물론이고 단순 반복 노동을 최소화시키고 디지털화하여 한국형 뉴딜 정책과 맞닿은 양질의 일자리가 창출될 수 있을 것으로 기대하고 있다.

세계 김치 연구소 2020/08/28

1. '김치 양념 속 넣기 자동화 장치'는 김치 공장에 어떤 도움이 되었을까요?

2. 김치 공장이 완전 자동화가 되었을 때 생길 문제는 없는지 여러분의 생각을 정리해 보세요.

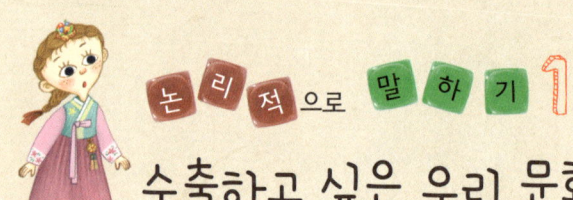

수출하고 싶은 우리 문화는 무엇일까요?

옛것은 모두 고리타분하고 새것은 무조건 좋은 걸까요? 옛것을 바탕으로 새로운 우리 문화로 발전시킬 만한 것들에는 무엇이 있을까요? 다음 글을 읽고 여러분의 생각을 말해 보세요.

제55회 발명의 날 기념식 행사를 앞두고 특허청이 온라인을 통해 시행한 '100만 냥이 있다면 투자하고 싶은 우리 선조들의 발명품' 설문 결과, 가장 많은 투자금을 획득한 발명품으로 온돌이 선정되었다.

이번 설문 조사는 지난 6월 12일부터 6월 18일까지 이루어졌는데, 우리 선조들의 대표 발명품 10가지 중에서 2가지를 선택해 100만 냥을 원하는 비중으로 투자하는 방식으로 진행되었다.

페이스북을 통해 진행된 설문에는 누리꾼 831명이 참여하여 1600개가 넘는 유효 응답을 얻었다.

온돌은 전체 투자 금액의 29%를 차지해 1위로 선정됐다. 누리꾼들은 온돌에 대한 투자 이유로 "온돌은 지금도 사용하는 생활 필수템", "글로벌 시대에 외국인들마저 우리나라 온돌 문화에 푹 빠져 버렸으니 경제 효과도 최고", "우리나라 고유의 과학적인 난방 방식이라 기술 수출을 할 수 있을 것 같아서" 등의 의견을 남겼다.

2위는 거북선으로 투자 금액의 21%를 차지했다. 거북선에 대해서는 "아무리 좋은 투자처도 침략에 대한 리스크를 배제할 수 없는 만큼, 국방이 최우선 순위", "어떤 나라도 만만하게 볼 수 없는 나라로 만들고 싶어요."라는 투자 이유를 남겼다.

3위에 이름을 올린 동의보감은 총 투자 금액의 17%를 차지했다. 동의보감의 투자 이유로는 "코로나19 사태보다 더 무서운 과거의 역병을 치료해 줄 수 있을 것 같아서", "건강의 중요성으로 볼 때 동의보감의 가치는 이루 말할 수 없을 것" 등이 달렸다.

네 번째로 많이 투자하고자 한 선조들의 발명품은 금속활자(15%)로 "정보를 기록하고 확산하는 데 획기적 변화의 계기가 된 발명품"이라는 투자 이유가 달렸다.

5위에 선정된 홍삼(5%)에 대해서는 "외국인들이 한국을 방문하면 꼭 사 가는 제품이라서 성공을 확신해요." 등의 의견을 남겼다.

특허청 2020/06/22

1. 특허청의 설문 조사에서 가장 투자하고 싶은 발명 기술로 사람들이 온돌을 선택한 이유가 무엇인지 정리해서 말해 보세요.

2. 거북선, 금속 활자, 홍삼은 우리나라의 소중한 문화유산이에요. 이것들이 어떤 면에서 특허품으로 인정받을 수 있는지 인터넷 등 자료 조사를 통해 여러분의 생각을 말해 보세요.

논리적으로 말하기 2

전통 놀이를 되살릴 방법은 없을까요?

알고 나면 재미있는 우리나라 전통 놀이. 그런데 일상생활에서 배우고 즐기는 데에는 한계가 있어요. 다음 글을 읽고 여러분의 생각을 정리한 뒤 말해 보세요.

2020년 7월 24일 전주에서는 '2020 전통 놀이 문화 포럼'이 열렸어요. 문체부와 (재)한국전통문화전당이 주최하고, 전주시가 후원한 이 행사에서는 잊혀져 가는 한국 전통 놀이가 전주 한옥 마을에서 재탄생해 명맥을 이어 가야 한다는 주장이 제기됐지요.

이 포럼에서 전문가와 시민들은 '전통 놀이, 현재에서 미래를 묻다'를 주제로 전통 놀이의 현대화, 생활화, 세계화 가능성에 대해 토론했어요. 덴마크 레고 본사에서 일하는 한 전문가는 "한국 전통 놀이가 레고처럼 오래 사랑받는 놀이 도구로의 발전 가능성과 비전이 충분하다."고 조언했어요. 이 외에도 여러 전문가들이 교육적 활용 면에서 전통 놀이의 창의성을 높이 평가했고, 게임 사업적으로도 투자 가치가 있다고 진단했지요.

전문가들은 "모바일, 컴퓨터 게임에 익숙한 어린이, 청소년 등의 관심을 높이기 위해 전통 놀이에 여러 가지 미션을 접목하고, 캐릭터와 규칙 등을 현대화하여 입체적으로 재탄생시키면 충분히 활성화 가능성이 있다."고 주장했어요.

포럼이 있은 후 9월 전주 한옥 마을에는 전국 최초의 전통 놀이 전용 공간인 '우리 놀이터 마루달'이 개관했답니다. 이 공간에서는 학생, 가족, 관광객, 단체 등이 체험, 시연, 교육, 캠프 등 다양한 프로그램을 즐길 수 있어요.

전주시는 전통 놀이 문화 확산을 위해 전통 놀이 실태 조사, 전통 놀이 현대화 콘텐츠 개발, 전통 놀이 프로그램 지원 공모 사업, 전통 놀이 보급·확산 사업 등을 추진하고 있답니다.

1. 전문가들이 우리 전통 놀이를 현대적으로 활성화시킬 수 있다고 주장하는 이유는 무엇인가요?

2. 왜 전주 한옥 마을에 전통 놀이 전용 공간이 들어섰는지, 여러분의 생각을 정리하여 말해 보세요.

창의력 키우기

전통 놀이, 어떻게 하면 더 재미있을까요?

여러분이 게임 개발자라면, 우리 전통 놀이를 어떤 식으로 변형하여 개발할 수 있을까요? 아니면, 기존 게임에 우리 전통 놀이 문화를 어떻게 접목할 수 있을까요? 여러분의 자유롭고 창의적인 생각을 펼쳐 보세요.

예시 답안

김치, 사 먹어도 괜찮을까요?
1. 김치 10t 이상을 생산할 때 양념 혼합 공정에 필요한 인력이 보통 16명인데 이 장치를 도입하면서 3~4명 수준으로 준다고 한다. 시간당 생산량도 수작업의 280㎏ 대비 2500㎏으로 9배 가까이 생산성이 높아졌다고 연구소는 설명하고 있다. 국내 김치 산업은 최저 임금 인상으로 생산 원가가 올라가면서 수익성이 악화되고 있었는데, 이 장치를 이용하면 인력난을 해소하고 제조 원가도 낮출 수 있을 것이다.
2. 맛도 일정해지고, 생산 원가는 낮아지겠지만 김치 공장에서 최소한의 인원만 고용할 테니 일자리가 예전보다 줄어들 것이다. 그리고 지방마다 특색 있는 김치의 맛이 사라지고 대중의 입맛을 맞춘 평범한 김치만 남을 수도 있다.

수출하고 싶은 우리 문화는 무엇일까요?
1. 아궁이에 불을 지펴 취사와 난방을 동시에 할 수 있었던 전통 온돌은 열기가 구들장 아래 공간을 휘돌며 축적되고 연기는 배출되는 구조이다. 이렇게 효율이 높아진 열기는 구들장을 덥히고 내부 공간의 온도를 일정하게 유지할 수 있다는 장점이 있다.
2. • 거북선
    이유 : 거북선은 판옥선의 갑판 위 외형 전체에 뚜껑을 씌운 뒤 나무판으로 덮은 형태이다. 이 나무판에는 적병이 못 뛰어오르도록 무수한 송곳과 칼을 꽂았다는 점에서 획기적이다. 선수부에는 거북 머리를 설치하여 그곳에서 전면부로 화포를 쏘게 했고 선미부에는 거북이 꼬리를 세웠는데 여기서도 화포를 쏘았다.

    • 금속 활자
    이유 : 기존의 나무로 만든 활자는 시간이 지남에 따라 갈라져 버리고 보관하는 데에도 어려움이 있었다. 이런 단점을 보완하기 위해서 고려 시대에 처음으로 금속 활자를 만든 것이다. 또한 책을 찍고 나면 판을 해체해 다른 책을 인쇄할 수 있다는 장점이 있어서 여러 종류의 책을 많이 찍어 내는 데 유용했다.

    • 홍삼
    이유 : 홍삼은 인삼의 뿌리를 찐 것인데, 숙취 제거, 노화 방지, 혈액 순환, 면역 기능 강화, 골다공증 예방, 빈혈 치료, 고혈압과 당뇨병 등에 효능이 있다고 알려져 있다. 물론 약으로 쓰일 경우 의사나 한의사 등의 조언을 듣는 게 좋다.

전통 놀이를 되살릴 방법은 없을까요?
1. 전통 놀이에 여러 가지 미션을 접목하고, 캐릭터를 만드는 것뿐만 아니라 규칙을 현대화시키면 모바일과 컴퓨터 게임에 익숙한 어린이와 청소년도 관심을 가질 것으로 보고 있다.
2. 전주 한옥 마을은 남녀노소 할 것 없이 관광객이 꾸준히 찾는 곳이므로, 우리 전통 놀이를 서로 가르치고 배우고 즐기는 데 적합한 공간이라고 생각한다. 게다가 새로운 공간이 아닌, 한옥 공간에서 펼쳐지는 놀이이기에 우리 문화를 더욱 잘 이해할 수 있을 것으로 보인다.

누적 판매
250만부
돌파!

NEW 과학토론왕

본책 40권 + 독후 활동지 10권

뭉치북스가 만든 국내 최초 토론책! 　초등 국어 교과서 선정 도서!
한국디베이트협회와 교육 전문가들이 강력 추천한 책!

과학토론왕6 《지켜라!멸종 위기의 동식물》
초등 5학년 1학기 국어 교과서 수록

〈 한우리 추천도서 〉　〈 경향신문 추천도서 〉　〈 경기도 초등토론 교육연구회 추천 〉　〈 경기도 지부 독서 골든벨 선정도서 〉　〈 환경정의 어린이 환경책 권장도서 〉
〈 학교도서관 사서협의회 추천도서 〉　〈 한국 아동문학인협회 우수도서 〉